兩河流域美索不達米亞文明

巴比倫的智慧

陳恆　著

前言 FOREWORD

兩河流域美索不達米亞文明

古巴比倫（Ancient Babylon）文明，位於今天的伊拉克，古巴比倫與古埃及、古印度與中國，併稱為世界四大文明古國。

巴比倫文明大致以今天的巴格達城為界，分為南北兩部分。北部以古亞述城為中心，稱為西里西亞，或簡稱亞述；南部以巴比倫城（今巴比倫省希拉市東北郊）為中心，稱為巴比倫尼亞，意思為「巴比倫的國土」。巴比倫尼亞又分為兩個地區，南部靠近波斯灣口的地區為蘇美，蘇美以北地區為阿卡德，兩地居民分別被稱為蘇美人和阿卡德人。美索不達米亞文明最初就是由蘇美人創造出來的。

巴比倫城市「遺址在今天伊拉克巴比倫省的希拉被發現，位於巴格達以南約八十五公里處。這個舉世聞名城市的遺址地處底格里斯河和幼發拉底河之間肥沃的美索不達米亞平原上，現在僅留存著由破損的土磚建築物構成的大型土墩和碎片。城市沿著幼發拉底河建造，被左、右河岸平分成兩部分，配有陡峭的河堤來抵禦季節性的洪水。

現存的歷史資料顯示，巴比倫最初是一個小城鎮，在公元前二千年初變得興盛。在阿摩利人巴比倫第一王朝於公元前一八九四年興起時它作為一個小城邦獲得獨立。巴比倫宣稱自己是蘇美－阿卡德城邦——埃利都的繼承者。儘管在那時候它還是一個小城市，但是它讓美索不達米亞平原上的「聖城」尼普爾黯然失色。大約也是這個時候，也就是公元前十八世紀左右，一個名叫漢摩拉比的阿摩利人國王第一次建立了一個短命的巴比倫帝國。從這時候開始美索不達米亞平原的南部被人稱作巴比倫尼亞，後來人口不斷移入，於是巴比倫城市的規模日益膨脹，變得越來越雄偉。

巴比倫帝國隨著滅亡而快速瓦解。之後，巴比倫在亞述人、加喜特人和埃蘭人的統治下度過了漫長的歲月。在被亞述人毀滅並重建後，巴比倫於公元前六〇八年到公元前五三九五三九年之間成為新巴比倫王國的所在地。這個帝國由來自美索不達米亞平原東南角的迦勒底人建立。新巴比倫帝國最後一個國王是一個來自美索不達米亞平原北部的亞述人。著名的巴比倫空中花園是古代世界七大奇蹟之一。可惜的是，考古學家至今仍然找不到空中花園的遺址。雖然巴比倫現已消失，但其文明對後世的影響（尤其是宗教方面）卻仍流傳至今，巴比倫時期的科技與文化典章的發展相當深遠，有些直到今天仍被沿用，真不愧為世界的四大古文明國度之一。

目錄 CONTENTS

Chapter 1
歷史背景篇

歷史發軔於蘇美爾

見黑貓過路必須回頭，這是一種迷信。但有誰想到過這類迷信來自於古巴比倫人？在我們日常生活中，人們都知道一周有 7 天，一天有 24 小時，一小時有 60 分鐘。有誰想到過，它究竟是怎麼產生的？還有，當人們觀察星星的運行以測知禍福時，又有誰會想到古巴比倫人呢？

人類是不會忘記他們的。因為我們的文化傳統有一部分起源於巴比倫。說得更準確一些，是起源於巴比倫王國的那片土地——美索不達米亞，但不一定是巴比倫。

美索不達米亞最早的文明可以上溯到距今六千年以前，時間上實早於埃及。蘇美爾人是兩河流域古文明的奠基者。然而，他們在公元前四千五百年左右才定居於美索不達米亞南部，並不是當地的土著原住民。他們究竟來自何方？目前人類學家和考古學家還不能完善地予以說明。據近年來的研究成

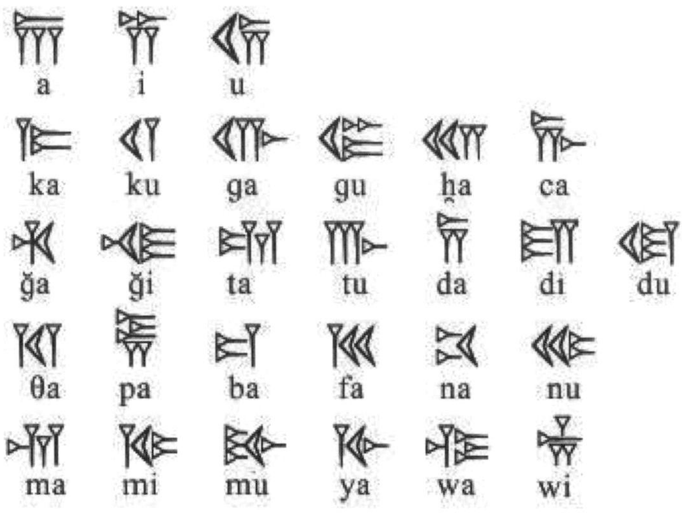

・楔形文字

果，遠古的蘇美爾（屬歐貝德文化期）陶器同在伊朗發現的古代陶器有相似之處，可以推想，蘇美爾人是從伊朗高原逐漸遷移到兩河流域的沼澤地帶。不過，可以肯定的是：蘇美爾人與那些居住在亞洲西南部的塞姆人迥然不同。他們可能是從中央亞細亞一帶或裏海地區遷移而來的。蘇美爾人圓顱短頸，軀體形態接近於蒙古人種。

正如成功地釋讀了古埃及的「象形文字」一樣，人類也已成功地釋讀了兩河流域的「楔形文字」。兩河流域的「楔形文字」既被釋讀了出來，學者們便可以進一步研究兩河流域及其鄰近地區諸古國的歷史和文化了。

一九四六年，美國學者 S・N・克拉默（S. N. Kramer）翻譯出版了蘇美爾人留下的一批古文件。經過十多年緊張而艱苦的破譯工作，他於一九五九年出版了一本書，書名是大膽的——《歷史從蘇美爾人開始》，副標題是：《人類歷史上的27 個第一》（History Begins at Sumer: Twenty seven First in Man's Recorded History——New York）。這本書用故事的形式表述作者的研究心得，寫得趣味橫生，毫無學究氣，令人難以釋手。書中，作者找出了這個民族最早發現、創造或記錄的事物共達 27 項，並且用當代語言把它們開列如下——

（1）最早的學校
（2）最早的「討好老師」事例
（3）最早的少年犯罪
（4）最早的「神經戰」
（5）最早的兩院制議會
（6）最早的歷史學家
（7）最早的減稅措施
（8）法案：最早的「摩西」
（9）最早的執法先例
（10）最早的藥典
（11）最早的農曆
（12）最早的林蔭園藝試驗
（13）最早的宇宙進化論和宇宙論
（14）最早的道德規範
（15）最早的「職業」
（16）最早的格言和諺語
（17）最早的動物童話
（18）最早的文學問題辯論
（19）最早的《聖經》地帶

（20）最早的「挪亞」
（21）最早的復活故事
（22）最早的「聖喬治」
（23）吉爾伽美什的故事——最早的文學作品的移植
（24）史詩——人類最早的英雄時代
（25）最早的愛情歌曲
（26）最早的圖書目錄
（27）天下太平——人類最早的黃金時代

今天，人們讀到這 27 項「第一」時，很可能認為是作者頭腦發熱，牽強附會地把現代詞彙硬套在幾千年前的事情上了。但是，只要讀一下克拉默的譯文，就會感到，有些情況確

・泥牌（泥板）

實令人不勝驚異。例如，有些泥牌的內容是一位父親為兒子不孝而傷感，同時對許多青年的墮落發出感慨。這些泥牌是三千七百年前複製的，原物比這還要早若干世紀。但是，現在讀來，都很像讀者在聽鄰居父子的對話。

泥牌一開始是父親問兒子：「你到哪裏去了？」兒子不愉快地回答：「哪裏也沒去呀！」父親說：「既然如此，為何不立即去學校，站在教師面前，背誦你的作業；解開你的書包，抄寫泥版書；並請老師給你寫範字呢？當完成作業，又向老師報告以後，你應快快回家看我，不要遊蕩街頭。」他為了叫兒子確實聽懂訓誡，便怒沖沖地要兒子逐項重述訓誡的要求。兒子遵命而行之後，父親又講：「你要當個好人，不要在熱鬧地區遊逛或在街頭閒耍。你經過大街時，別被外物搞呆。在教師之前要謙恭有禮。當你謙虛之時，教師是喜歡你的。」這位父親接著繼續獨白，而且愈講愈嚴肅。他責備兒子：「你現在已長大懂事了，而且自命不凡了！」文章最後以父親勉勵兒子改過從善並為他祝福而結束。

讀到此，不知現代讀者會產生什麼樣的聯想？

蘇美爾人的這些發明與發現是人類智慧的傑出成就，也為兩河流域和西亞的古代文明奠定了基礎。日後西亞各地各時代的文化在不同程度上皆受到蘇美爾人的影響。

自然環境

亞洲西南部有底格里斯（Tigris）和幼發拉底（Euphrates）兩條大河。這兩條河均發源於今土耳其亞美尼亞群山之中，分別向東南方流入波斯灣。兩條河原先分別出海，後來由於河水中所帶的泥沙不斷淤積，慢慢把海岸線向外推移，才形成滙流出海的局面。滙流後稱阿拉伯河。兩河在東南部連接了許多湖沼和河川支流，形成了稠密的水網，這在一定程度上為兩河流域文明奠定了基礎。大概平均起來，波斯灣口的海岸線每二十年向外伸展一公里。在古代，兩河流域的埃利都（Eridu）城是建在海邊上的，現在它卻離海岸有一百八十公里之遙。因此，以後提到的兩河流域、美索不達米亞地區和古巴比倫地區，在地理範圍上，大致可以視為同一地區。

美索不達米亞作為一個地理名詞，在最廣泛的意義上，包括幼發拉底和底格里斯兩河之間及其毗鄰的土地，從西北方亞美尼亞托羅斯山麓直到波斯灣的古代海岸，西界敘利亞大沙漠的草原，東界扎格羅斯（Zagros）諸山。希臘人稱之為「美索不達米亞」的兩河流域，原意為「河間」（Potamos, meso, 意譯「兩河流域」），指的是中下游地區。兩河上游地區則屬小亞範圍，一般不包括在美索不達米亞境內。其下游平川地區又可分南北兩部分，大體以今之希特——薩馬拉為界。北部以摩蘇爾為中心，稱亞述；南部約從巴格達至波斯灣，稱巴比倫尼亞（或稱示拿）。巴比倫尼亞又分為南北兩部，尼普爾（今名努法爾）以北稱阿卡德，以南稱蘇美爾。這些不同名稱皆來源於各地先後建立的古代文明。

一個十分有趣的現象是，其文明的時代順序也是由南而北，循河而上，即蘇美爾最古老，其次阿卡德，再次巴比倫，最後才是亞述。

兩河流域和埃及相似，處於乾旱地帶，需要利用河水灌溉。但也有不同之處。尼羅河上游有大湖調節，每年泛濫，水量比較穩定，而且準時而來；兩河每年泛濫的水量則隨上游山區雨雪量的大小而變化頗大，易於成災。因此，開發蘇美爾地區的古代農業居民要付出更艱巨的勞動，掌握好排澇蓄水、調節灌溉的功能，才能將這片沼澤低地懇為良田。兩河流域北部和南部的自然條件也稍有不同。南部地勢低平，兩河相距較近；北部河岸高起，兩河相去較遠。所以，南部比較便於灌溉，也比較易於蒙受水災。冬季，南部比北部溫暖，北部比南部降水量稍多。然而，在原始社會的生產力還未能達到進行灌溉農業的水平之前，這片沼澤地區是無人居住的。因此，兩河流域的新石器文化，如哈蘇納文化、薩邁拉文化、哈拉夫文化皆位於北部丘陵地帶。當哈拉夫文化於公元前四千三百年左右結束之時，蘇美爾地區才開始開發。

自此以後，南部低地平川的優良條件逐漸顯示出來，農業生產迅速發展，人口增加，城鎮漸多，終於創建了兩河流域最早的文明——蘇美爾文明。由此可見，原始社會末期兩河流域文化演變的趨向和文明時期由南而北相反，是由北而南，是北部和東北部丘陵地區的新石器文化居民逐漸移居南部低地。由於西亞新石器文化比較發達，居民遷移亦較頻繁，且在日後各古代文明階段民族變換也比較多，這就為兩河流域歷史帶來了較埃及遠為複雜的民族關係問題。

兩河流域相當於今日的伊拉克共和國。不過，我們要明白：在古代，兩河流域曾經是一片林木繁茂、壟畝青青的綠野，人煙稠密，所以它才得以成為古文明發源地之一。只因數千年來戰亂頻仍，水利失修，人們又過分地砍伐林木，濫用地力，破壞了這裏的生態平衡，才使它失去了原有的青春之貌。這是應引以為戒的現代文明之禍！

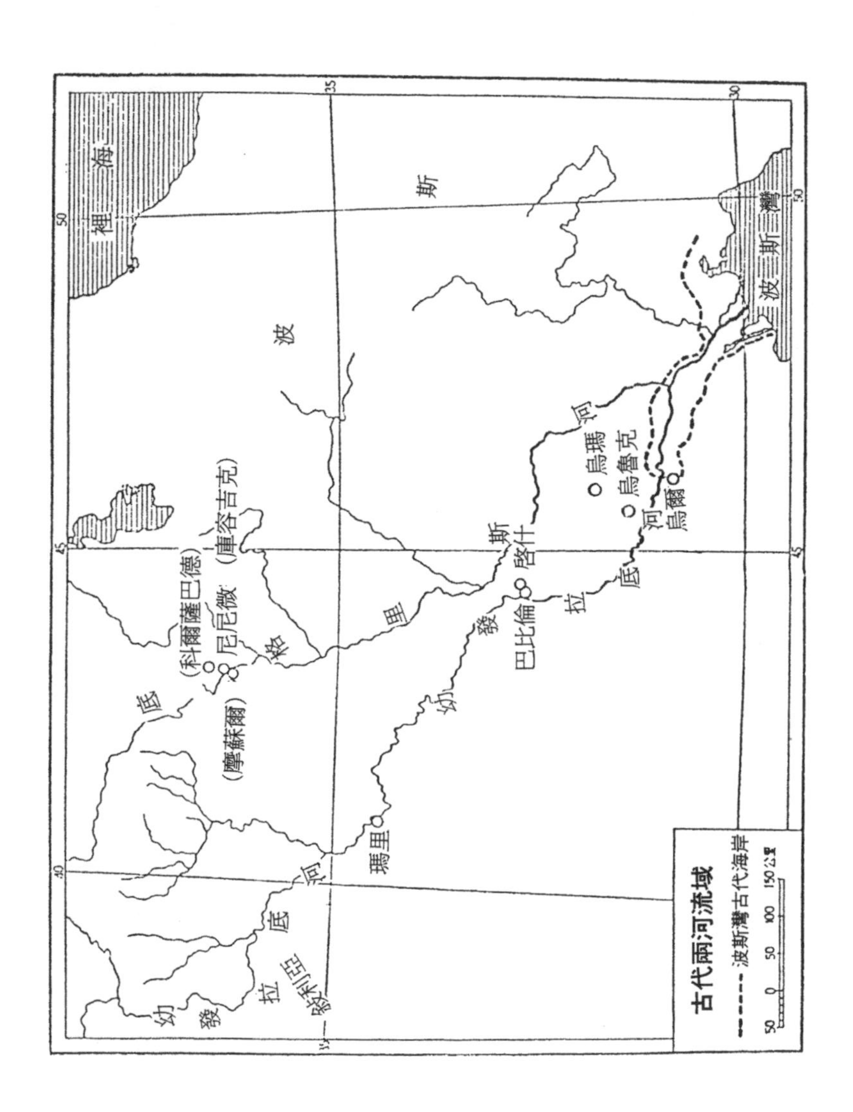
古代兩河流域
波斯灣古代海岸
50 0 50 100 150公里
裡海
波斯
波斯灣
(科爾薩巴德)
尼尼微
(庫容吉克)
(摩蘇爾)
瑪里
巴比倫
啓什
烏瑪
烏魯克
烏爾
幼發拉底河
底格里斯河
幼發拉底河
底格里斯河

民族的構成

史前美索不達米亞的居民屬族棕色或地中海人種。有史時代，這個基本血統存留下來，尤其是在南部。同時，它越來越變成混血的。由於山地諸部落一再侵入平原，它特別同從東北山地前來的寬顱的亞美尼亞人混雜。

歷史學家知道的美索不達米亞最早居民是蘇美爾人。這是一些身材高大勻稱的人，頭髮很長，橢圓臉上長滿捲曲的黑鬍子。這就是我們在挖掘蘇美爾的一些城市遺跡時發現的雕像上的樣子。通過持久的勞動與創造性的想像，蘇美爾人變沼澤為生長大麥和椰棗的良田。約在公元前三〇〇〇年，他們的茅屋居民點逐步演化為十二個獨立城邦，每個城邦都由中心城市及其周圍鄉村組成。蘇美爾人的成就是卓越的：系統而能表達思想的楔形文字；堅固精緻的磚屋、宮殿及廟宇；青銅器及武器；灌溉系統；與其他民族的貿易；早期貨幣；宗教及政治機構；學校；宗教及世俗文學；各種形式的藝術；法典；醫學及藥物；太陽曆……等等。蘇美爾人的起源不明。他們操看一種膠著語，與已知的任何語系無明白或相近的關係，是相當獨特的民族。

繼蘇美爾人之後，來到兩河流域或分布於西亞的古代居民按其語言，大致可分為三類：（一）是塞姆語（或閃語）[1]族。他們的老家在阿拉伯半島，由此而呈放射狀地移居各地，在兩河流域歷史上先後立國的阿卡德人（Akkadians），古巴比倫人（Babylonian，又稱阿摩利人 Amorites），亞述人（Assyr），新巴比倫人（迦勒底人）皆屬塞姆語族。此族在黎巴嫩、巴基斯坦一帶也分布甚多，腓尼巴人、迦南人

[1] 據《聖經．創世紀》所述，他們均係挪亞長子閃的後裔，故名。

（Phoenicians）、以色列人（猶太人）即其著名代表。現代的阿拉伯人也屬塞姆語族。（二）是印歐語系，可能發源於東歐，然後分布於從印度到西歐的廣大地區。來到西亞的印歐語族有赫梯人（Hittites）、波斯人等等。（三）是和上述兩大語族皆無關係的民族，如埃蘭人（Elam）、加喜特人（Kassites）、庫提人、胡里特人（Hurrians）等等；他們彼此之間也各不相聯，反映了古代西亞民族關係的複雜。這麼多民族往來頻繁的情況，說明了兩河流域沒有沙漠或地形的阻隔，與外界的陸上聯繫比較方便；而且，從世界的全局看，西亞正處在亞、非、歐三洲的聯結處，自新石器時代以來即是民族遷徙和信息交換的熱點，進入文明時代，這種作用當然更見加強。

因此，在兩河流域和古代西亞各國的歷史上，王朝興替與民族變易的情況遠較埃及為甚。古代農耕世界與遊牧世界接觸較頻繁，相互影響較突出的中心地帶也正是西亞地區。它經伊朗，北接中亞草原，經小亞，聯絡高加索至黑海一帶，從而和古代遊牧世界的中、西兩片皆有牽涉，農牧交互作用，不斷激起的衝突浪潮也加劇了西亞歷史格局的動盪。

古代兩河流域很早就和阿拉伯、埃及、印度等地有經濟、文化上的往來。隨著各地區社會經濟的發展，這些地區之間經濟和文化的聯繫也日益增長。這對古代兩河流域文化的發展也有一定的促進作用。

古代兩河流域的文化就是在這樣一些社會歷史條件下緩慢曲折地向前發展，直到最後融合於古伊朗及其他古代文明中，成為人類文化財富的一部分。

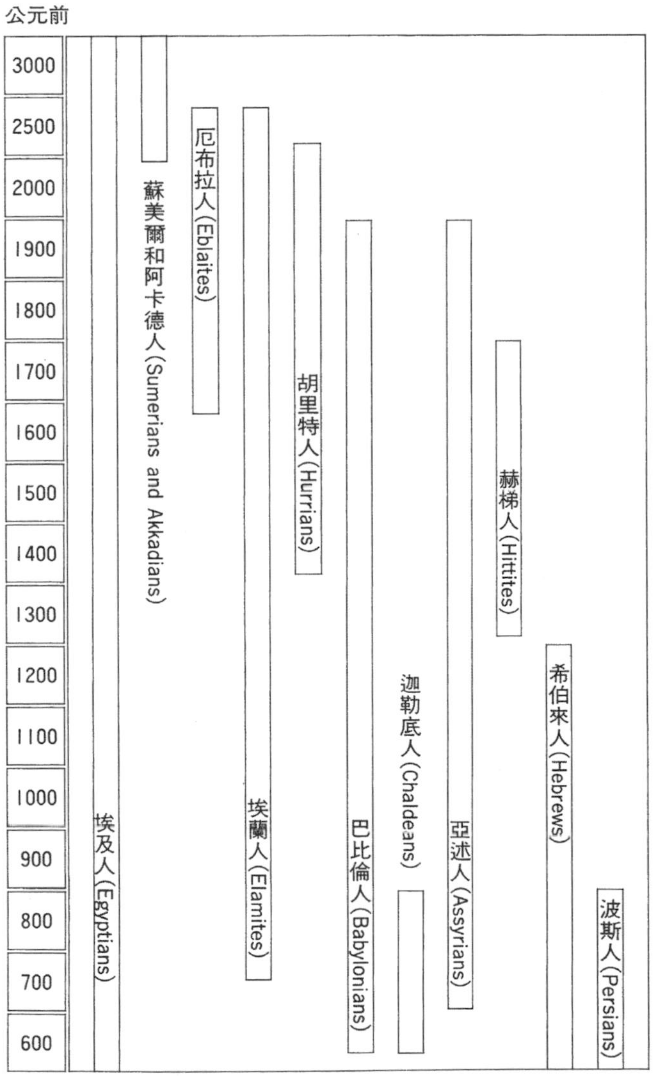

公元前

3000
2500
2000
1900
1800
1700
1600
1500
1400
1300
1200
1100
1000
900
800
700
600

埃及人(Egyptians)
蘇美爾和阿卡德人(Sumerians and Akkadians)
厄布拉人(Eblaites)
埃蘭人(Elamites)
胡里特人(Hurrians)
巴比倫人(Babylonians)
迦勒底人(Chaldeans)
亞述人(Assyrians)
赫梯人(Hittites)
希伯來人(Hebrews)
波斯人(Persians)

・古代近東各文明發展起迄圖

文化分期

古代兩河流域的文化隨著這個地區歷史的發展，可分為以下幾個時期——

一、原始文化時期

這是階級社會形成以前的原始社會文化。它存在的時期可以上溯到從公元前六千紀前直到公元前三千紀初年最早的城市國家的出現。文化發生的地點最初多在兩河流域北方和東方的山地上。因為那裏雨水稍多，又沒有河流泛濫的威脅。公元前五千年代，人們開始在山坡上截引溪水澆地，隨後逐漸擴延到河谷平原。這個時期是屬於從新石器時代向銅石時代過渡的時期，主要是原始農業和畜牧業的文化。

考古資料證明，兩河流域的舊石器時代文化遺址在北部山地。新石器時代農業文化，如哈蘇納文化（公元前六〇〇〇～前五二五〇年）、薩邁拉文化（公元前五五〇〇～前四八〇〇年）、哈雷夫文化（公元前五〇〇〇～前四三〇〇年）都位於北部丘陵地帶，他們皆以彩陶為特徵。

約公元前四三〇〇年，繼哈雷夫文化之後，兩河流域南部的蘇美爾人進入銅石並用時代，開始了氏族社會解體和向文明過渡的過程。考古學上，這是埃利都．歐貝德文化期、烏魯克文化期和捷姆迭特．那色文化期。

哈蘇納文化的遺址除了以命名的泰爾．哈蘇納為名者之外，近年的一個重要代表是蘇聯考古學家發掘的雅利姆．特佩。這時的農業村落亦頗具規模，住宅自成一體，有庭院及多間住房，每村人口一般在五百以上，農業生產應用水利灌溉，已知金屬冶煉，晚期出現彩陶。

二、蘇美爾·阿卡德文化時期（公元前卅六～前廿一世紀）

這一時期約從公元前三千紀初年到公元前二千紀初年止。在此階段，兩河流域南部的蘇美爾地區最早產生了早期的城邦國家，如埃利都、烏爾、拉爾薩、拉伽什、烏瑪、烏魯克（《聖經》中稱之為 Erech）、蘇路帕克、尼普爾、基什（Kish）、西帕爾等。這些國家都是由幾個不大的地區圍繞一個中心城市聯合而成。

這時期內，繼蘇美爾人之後，來到兩河流域的阿卡德人也經歷了同樣的發展過程。他們在蘇美爾人居住地區以北也建立了一些城市國家。阿卡德人有自己的文化，和蘇美爾人來往之後，又接受了蘇美爾人的文化。到阿卡德王薩爾貢一世（約公元前二三六九～前二三一四年）時，他出兵征服了蘇美爾，統一了兩河流域南部，兩種文化的融合就更為加強了。後來就形成蘇美爾·阿卡德文化。

三、古提王朝（公元前二一八〇、前二〇八二年）、烏爾第三王朝（公元前二〇六〇～前一九五〇年）與伊新—拉爾薩時期

大約在公元前二二〇〇年，阿卡德衰落，來自兩河流域東北山區的古提人趁機侵入，最後滅亡了阿卡德王朝，在兩河流域南部實行統治達一個世紀之久。但是，蘇美爾在反對古提人統治的鬥爭中逐漸復興。公元前二〇八二年，烏魯克人在國王烏圖赫伽爾率領下，擊敗並趕走了古提人。不久，烏爾興起，

打敗了烏魯克，重新統一了蘇美爾和阿卡德，建立了新的王朝，史稱烏爾第三王朝（烏爾第一、第二王朝存在於蘇美爾王朝早期）。這一時期，文化創新較少。

烏爾的烏爾納木是一個強有力的君主。文化上，他矢志全面復興蘇美爾文明傳統，並有較大的發展，許多代表蘇美爾文明最高水平的成就皆完成於此時。在他的統治下，出現了最早的法典——是後來蘇美爾法和漢穆拉比偉大法典的前驅。

烏爾帝國時期是蘇美爾文學的黃金時代。流傳下來的蘇美爾神話、史詩及箴言文學大部分可能在這個時期形成最後的形式，由後來古巴比倫時期的錄事依式抄寫下來。

巴比倫數學在這個時期達到它的高度水平，發展了基於一個完備的六十進位法的記數法，並且有一個整數和分數的位置記值法，平方及平方根表、立方及立方根表，以及立方方程和指數函數計算數值時所需的平方及立方的總數表也存留下來。還存有類似於畢達哥拉斯定理的數表——這就說明畢達哥拉斯方程在它得到正式的解法之前，已經應用了許多年了。

這一時期的建築物由泥磚建成，雖莊嚴動人，但沒有像埃及建築物那樣留存下來。古代世界七大奇蹟之一的巴比倫空中花園（即懸苑）是一個有層級的金字塔結構。

烏爾國王伊比辛統治時期（約公元前二〇二九～前二〇〇六年），東南的埃蘭人和西面的阿摩利人不斷侵襲。最後，埃蘭人滅亡了烏爾第三王朝。但埃蘭人不久就退回東方山地，兩河流域南部又陷入諸邦分立的局面。這些國家為爭奪兩河流域的統治權，展開了長期混戰，其中最著名的兩個國家是阿卡德地區的伊新王朝（公元前一九五三、前一七三〇年）和蘇美爾地區的拉爾薩王朝（公元前一九六一～前一六九九年）。這時期被稱為伊新—拉爾薩時期。後來，兩者都敗於巴比倫。

・空中花園

四、古巴比倫時期（公元前一八三〇年～前一五三一年）

伊新—拉爾薩時期末年，巴比倫獲得獨立，國力顯著上升。巴比倫位於幼發拉底河中游，扼西亞貿易要衝，地理位置十分優越。巴比倫城市出現較早，但作為一個城邦，大約是由阿摩利人蘇穆阿布姆在公元前一八九四年建立的。立國之初，巴比倫只是一個依附鄰國的小邦。到第六代王漢謨拉比（約公元前一七九二～前一七五〇年）時，巴比倫逐漸強大起來。漢謨拉比登上王位後，即著手進行統一兩河流域的戰爭，除亞述和埃什嫩那最後未被征服外，基本上統一了兩河流域。

巴比倫統治時期，兩河流域的社會經濟有了顯著的發展。灌溉工程的規模擴大了；為了適應灌溉高地的需要，有了較完善的引水裝置；一種裝有播種漏斗的改良犁得到了推廣；青銅的廣泛使用，使手工業工具和製造方法都有了改進；技術知識的應用促使生產向前發展——在生產中又提出了一些新問題要求解決，這樣又促進了科學技術知識的進一步發展。社會物質財富增多之後，商業交換也更加頻繁起來，巴比倫人與敘利亞、小亞細亞、腓尼基、巴勒斯坦等地有了更密切的交往，和較遠的埃及、印度及克里特等地的關係也有了發展。巴比倫文化在繼承蘇美爾·阿卡德文化的基礎上，取得了很多新的成果，成為古代兩河流域文化最興盛的時期。

「漢謨拉比法典」堪稱這個時期最著名的成就。

漢謨拉比時代是古巴比倫的全盛時期。漢謨拉比死後，帝國便立即烽煙四起，開始衰落。北方有加喜特人來侵，南方有伊新、烏魯克等地發生暴動，內部鬥爭更加激烈。約在公元前一五三一年或略早，赫梯人夷巴比倫為平地，古巴比倫王國和巴比倫第一王朝便宣告結束。但赫梯人並未久留。他們退兵後，由伊新人建立巴比倫第二王朝（海國王朝，約公元前一五九五、前一五一八年）。接著是入侵成功的加喜特人建立巴比倫第三王朝（加喜特王朝，約公元前一五一八～前一二〇四年）。後來，巴比倫人又建立了巴比倫第四王朝（約公元前一一六五～前六八九年）——千年之間，始終未能再度恢復漢謨拉比強國的規模，社會經濟亦無重大變化，可以說是一個相對停滯的低潮時期。直到亞述帝國興起，西亞才進入奴隸制經濟繁榮的新階段。

五、亞述文化時期

亞述位於底格里斯河流域中部，相當於現代伊拉克的摩蘇爾地區。亞述最早的居民是胡里特人（古城尼尼微最初顯然是胡里特人建立的，後來一些講塞姆語的亞述人遷入這個地區〈阿舒爾或亞述城之名就是塞姆語〉，這兩種居民逐漸融合，創造了古代亞述的文明）。約從公元前三千年代中葉起，蘇美爾和阿卡德的居民為了取得他們所缺乏的原料，就來到這裏，和胡里特人逐漸混合。阿卡德王朝和烏爾第三王朝都曾征服和統治過這個地區，兩河流域的文化遂在這裏得到傳播。古代亞述的歷史從蘇美爾時期開始、到亞述帝國，連續兩千餘年，一般分為早期亞述、中期亞述和亞述帝國（或稱新亞述，約公元前七四六～前六〇九年）三個階段。

阿卡德王朝滅亡後，在亞述形成了以亞述城為中心的國家，開始了早期亞述時期（公元前二五～前十六世紀）。最初的城邦尚實行和蘇美爾類似的國王掌管宗教、神廟的制度；長

・亞述人與獅子搏鬥

老會議權力較大。到沙馬什阿達德（約公元前一八一五～前一七八三年）奪得政權時，他成為具有真正王權的國王。沙馬什阿達德向外擴張，其勢力達到地中海東岸，所以他自稱是「宇宙之王」，並迫使周圍的許多國家納貢。約公元前一五〇〇年左右，胡里特人在卡布里河流域建立起米坦尼王國，並侵入亞述，使其成為藩屬，長達百餘年。

但從公元前十五世紀末葉以後，亞述又強大起來，進入中期亞述時期（公元前十五～前九世紀）。這時制定的《中期亞述法典》反映了社會發展與巴比倫達同樣水平。

鐵器的使用，替大帝國的建立提供了物質條件。這時的亞述人開始大量用鐵鑄造兵器。到阿蘇魯巴利特一世在位（公元前一三六六～前一三三一年），亞述迅速成為一個軍事大國。它的文化雖然反映了一些胡里特人和赫梯影響的因素，但基本上是巴比倫的，因而形成了亞述文化兼容並蓄的特色。隨著亞述政治經濟的擴展，亞述文化在附近地區也有了影響。

六、新巴比倫王國時期（公元前六二六～前五三九年）

由於建立這一王國的是迦勒底人，故又稱這一時期為迦勒底時期。亞述帝國時期，迦勒底人已在巴比倫處於優勢。到那波帕拉沙爾時，於公元前六二六年稱王，建立巴比倫第五王朝[2]。由於此後巴比倫北滅亞述、西侵猶太，武功文治與古巴比倫王國不分上下，歷史上便稱之為「新巴比倫王國」。

迦勒底帝國時代的巴比倫人總結了兩河流域的古文化——

---

[2] 整個古代巴比倫文明時期，巴比倫共出現了五個王朝，其中只有古巴比倫王朝的第一王朝和新巴比倫的第五王朝統一了兩河流域。

他們把蘇美爾人、阿卡德人、阿摩利人、亞述人的文化遺產都接受過來，並加以發揚光大；在天文學方面的貢獻尤其突出。古代，人們迷信星象主宰著人世間的凶吉，巫師多奢談「占星術」。不過，久而久之，那些星象學家從實際觀察中也逐漸認識到一些宇宙間天體運行的規律，於是天文學家便產生了。可以說，在迦勒底帝國時代，天文學已發展為科學。

迦勒底人建都巴比倫，復興巴比倫文化，但不到一百年，於公元前五三九年又被波斯人征服。公元前三三二年，亞歷山大大帝又征服了波斯帝國，其部將塞琉古統治兩河流域。自那以後，到公元前後，史稱塞琉古時期。美索不達米亞的政治史在公元前五三九年便結束了，該地隨後兩個時代的歷史文化又分別歸入波斯文明和希臘化文明，他們是另一種新的不同類型的文化，所以，古代兩河流域的文明史一般只講到巴比倫帝國為止。值得注意的是，這一地區科學文化史的直接影響一直延續到公元三世紀。

蘇美爾人、阿卡德人、阿摩利人、亞述人、迦勒底人共同創造了美索不達米亞文明，有時人們也將之統稱為（古）巴比倫文明。

亞述學的誕生

還在不久以前，凡是去過埃及，以及所有通過書本，間接看到過埃及古蹟的人，都會不假思索地認為，人類文明的搖籃是尼羅河流域——河流兩岸的狹長地帶。誰會對此生疑呢？世界上還有哪些地方可稱得上是人類文明的發源地？

固然，兩河流域是有資格的。許多傳說都源於此地。相傳兩河流域曾哺育過一個非常古老的文明，生活在那時代的人就像神明一樣，為後人所敬仰。在美索不達米亞平原上曾經有過緊華的城市，君王們的統治遠遠超出了他們自己的領土範圍。祭司都是些博學之士，花園美麗無比，塔廟堪稱世界一奇。

希伯來的預言家對尼尼微和巴比倫等城市的邪惡曾大聲疾呼過，也極力反對過。希伯來的典籍記載著帝國建立者的傲慢和殘酷，以及他們對希伯來人的壓迫。但後來它們到哪裡去了？一個博大的文明由盛轉衰，竟未留下絲毫痕跡，這怎麼可能？

美索不達米亞的沙漠裡有許多古怪的土丘，這些土丘都是平頂，四坡陡峭，許多已經剝蝕，像貝都因人的乾羊奶酪一樣裂開著，卻激發起了科學探索者的熱情，結果使得美索不達米亞成為考古挖掘工作最早取得成功的地方，並誕生了一門新的學問——亞述學（Assyriology）。

早在十七世紀，意大利商人彼得羅・拉・瓦勒（Pietro della Valle）把從波斯波里斯王宮廢墟內取出的銘刻拓片運回歐洲，人們才第一次看到楔形文字。

十八世紀下半葉，丹麥旅行家卡斯頓・尼布爾寫了一篇關於美索不達米亞的風土民情以及許多銘文和各種古蹟的報告，試圖解釋楔形文字，但未能成功。後來，他又把在近東的研究心得寫成《阿拉伯及附近各地遊記》。

拿破崙遠征埃及，就隨身攜帶著這本書。

一八〇二年，德國哥廷根城的一位教希臘語和拉丁語的青年中學教師格羅特芬（Grotefend，公元一七七五～一八五三年）在楔形文字的解讀上取得了令人興奮的重大成就。他根據前人所提供的假定（即斜楔形是分離的符號，而在波斯波里斯地方用字母拼成的銘文中有一組符號表示皇帝的稱號），做了一連串聰明的推測，認為全部一篇銘文表示兩個波斯王的稱號。就這樣，他得以在這篇銘文中讀出阿契美尼德王朝兩個王的名字，即大流士（Darius）和澤爾士一世（另譯薛西斯一世），而且還有大流士的父親希斯塔斯普的名字。這樣一來，格羅特芬便能夠正確地分辨出古波斯楔形文字的九個字母，從而為解讀楔形文字奠定了基礎。

很多人知道法國的埃及專家商博良破譯了象形文字，但很少有人聽過格羅特芬。任何學校都未講授過他的理論，許多現代的百科全書對他隻字不提，最多不過是在參考書目裡一筆帶過。這是很不公平的。在美索不達米亞出土的銘文破譯史中領先的只有格羅特芬。

不過，非常湊巧的是，在此期間，有一位名叫亨利・羅林生（Rawlinson，公元一八一〇～一八九五年）的年輕英國軍官也在苦苦鑽研楔形文字。他完全自學，並且根本不知道當時學術界的動向。

羅林生知道，要解開楔形文字之謎，就需要一個包括許多人名的長篇碑文。一八三五年發現的貝希斯敦銘文（貝希斯敦銘文是波斯國王大流士一世在位時所鐫刻。此石刻在公元十世紀時曾被阿拉伯的地理學家誤認為是一幅說明學校生活的圖刻）不就是這麼一篇包含了三種語言（古波斯文、古巴比倫楔形文字、古埃蘭文）的碑文嗎？當然，要得到它非常困難。當初起意撰寫這篇銘文的國王大流士為防止別人破壞，下令將全部圖文都刻在離地面三百呎的懸崖峭壁上，整座山的高度達一七〇〇呎，爬上這樣一段崖壁絕非易事。但羅林生既會騎馬登山，又是打獵能手，當然充滿自信。即使如此，摹寫這段銘文也費了他幾年時間。

苦幹幾年之後，羅林生終於在一八四八年向皇家東方研究會提交了他的譯稿，內容是公元前五二一年大流士一世戰勝眾敵，重新統一了西亞地區。為紀念此事，他敕令公布戰果。

這引起了極大的轟動。人們簡直難以相信，這個一直被稱為是「人類智慧的超級成果」，竟是由一個人獨立研究出來的。一時間，贊同者有之，反對者亦有之，莫衷一是。這時，有人建議：「拿一段我們從沒看過的碑文，讓幾個人獨立進行翻譯。然後把他們的譯文做個比較，看看是否一樣。」

皇家學會向四位最著名的楔形文字專家——這四人互不認識——各發了一個密封的信件。信中附記了一篇最新出土的亞述語長文，要求他們盡快譯出。這四人中有一人就是羅林生。

最後，四個人都把譯文密封寄回，譯文由一個專門小組進行審閱。過去聽到誰說他能破譯楔形文字就百般嘲笑的人現在證明是錯了：這些極其複雜的多音節文字確實可以看懂。四篇譯文基本上是相同的。這件事情是發生在一八五七年，因此這一年就被認為是亞述學的誕生年。

所謂「亞述學」，就是研究兩河流域及其附近使用楔形文字之各族（蘇美爾人、巴比倫人、亞述人、赫梯人、埃蘭人等）語言、文字、歷史和文化的學科，屬東方學的一種。不過，我們要知道，起初，人們研究兩河流域文明的時候，研究者主要注意於古亞述上面，因而這一新的歷史—語言學科獲得了「亞述學」的稱號。

直到後來，人們研究了巴比倫的古物和蘇美爾的銘文，這才擴大了古代歷史這一部門的範圍。但是，這一部門卻依照慣例，保留了以前的名稱。

Chapter 2
人物篇

烏魯卡基那——世界上最早的社會改革家

烏魯卡基那（Urukagina，約公元前二三七八～前二三七一年在位），蘇美爾城邦拉格什的最高統治者，迄今為止，我們所知道的世界上最早的社會改革家。

蘇美爾各城邦為開拓疆土，掠奪奴隸和財富，進行殘酷的戰爭。長達幾個世紀，兩河流域平原變成各邦爭霸鏖兵的戰場。據《蘇美爾年表》，最先稱霸的是基什。大約公元前二六〇〇年左右，拉格什與烏瑪因疆界而發生爭執，基什王麥西里姆曾以霸主身分，調解雙方的疆界之爭，為兩邦立石劃界。後來拉格什逐漸強大，到安納吐姆統治時期開始稱霸。他打敗烏瑪，出征基什與瑪里，東南危及埃蘭，號稱「蘇美爾諸邦之霸者」。

城邦間的頻繁戰爭加劇了城邦內部的社會分化和階級鬥爭，全權者與無權者，貴族與平民，王室與神廟之間的矛盾日益加深。這種情況，在拉格什尤為嚴重。

拉格什的統治者盧伽爾安達（約公元前二三八四～前二三七八年）獨斷專行，橫徵暴斂，直接把神廟的土地攫為己有，並向祭司徵收賦稅，對依附神廟的勞動者實行監督，對下層人民橫加剝削和欺凌，因而平民與貴族之間的鬥爭更加激烈。在這種形勢下，貴族出身的烏魯卡基那推翻了盧伽爾安達，取得政權，實行了一系列改革，史稱「烏魯卡基那改革」。

烏魯卡基那是什麼人？我們不能準確地回答這個問題。他可能是盧伽爾安達旁系的親屬。關於他究竟是怎樣上台的，目前只能推測。根據他自己的銘文記載，是拉格什的國神寧吉爾蘇從三萬六千人中將他提拔上來的。這種說法與以前的一位統治者恩鐵美那的說法相似，只不過那位先輩講的是三千六百人。這可能表明當時的統治者是由一些貴族長老，特別是代表神意的大祭司，從一些貴族子弟中挑選的。烏魯卡基那之所以在歷史上顯得重要，完全是因為他留下一篇相當長的改革文書，寫在三個圓錐形枯土坨和一塊橢圓石板上。除了他實行改革外，我們對他的生平了解甚少。

烏魯卡基那靠祭司集團的力量取得政權，所以他就實行許多改革，目的在於恢復拉格什以前的地位，恢復祭司集團在管理神廟莊園上的獨立。與此同時，他也不得不稍稍改善中等自由民階層和農村公社成員的經濟狀況，因為這些人是他的主要社會支柱。

烏魯卡基那首先進行了大規模的建築活動。據說，在他執政的頭一年，就開始修建運河。這是發展農業生產的重大措施。從第二年開始，他領導建築了拉格什中心地區的城牆。這一工程持續了好幾年。後來，為維護城邦的獨立，它發揮了一

・烏魯卡基那

定的作用。此外，烏魯卡基那還建造了一些釀酒作坊、剪羊毛的工棚，以及許多神廟，為城邦擴大再生產做了許多努力。

政治方面，他取消弊政，特別著重於減輕平民（主要是在舊政權下已喪失公民權的各類依附民）的負擔，使他們免受侵奪。例如，撤去派往各地的稅吏，減免部分捐稅、欠稅，並豁免了平民積欠王室的賦稅和增收的大麥稅，取消了平民家人除戶主外其他男丁的無償勞役；禁止當權官員利用職權侵奪平民的財產，如不准管理船隻、漁場的官員對船夫漁民勒索，不准官員和僧侶侵吞平民的驢、羊、房屋、樹木、果子等。對待神廟祭司，改革也取消了對他們增收捐稅，並將前王室奪去的一些神廟財產主管權發還原主，從而也照顧了祭司僧侶的利益。

社會風俗和生活制度方面，主要是取消過去的陋習，確立一些新的風習。例如，以前在安葬時做一次宗教儀式，主持祭祀的僧侶可以得到七大杯啤酒、四二〇塊麵包、七十二個單位的穀物和一隻小山羊，而現在只能得到三大杯啤酒、一四〇塊麵包、十八單位的穀物和一隻小山羊羔。這不僅保護了平民的利益，亦有移風易俗之效。與此類似的還有：他採取了減免結婚、離婚稅，保護公民的孤兒寡母，推行一夫一妻制（禁止原始的群婚陋習），提倡守法和廣泛建立法制，禁止盜竊、殘殺等等，對社會發展具有巨大的推動作用。

另外，烏魯卡基那也注意到了限制王權的必要。在他之前，國王及其家人不僅無償使用神廟的耕牛犁自己的菜地，而且公然把神廟公地據為己有，他們的房屋和土地連成一片。烏魯卡基那儘管自己是王，但還是把神廟財產歸還神廟，嚴重地削弱了王權。在這方面，他的作法與不久以後阿卡德王薩爾貢的作法截然相反。

短短數年間，提出了如此廣泛的改革措施，並且是在那麼早的年代，烏魯卡基那的歷史功績是值得肯定的。但這種削弱權貴、保護平民利益的改革引起鄰邦貴族的恐懼不安。他們怕自己城邦的臣民效仿拉格什。這時，與拉格什世代為敵的烏瑪重新挑起了戰爭。後來，它又與烏魯克聯合，進攻拉格什。他們毀滅神廟，洗劫城市，使拉格什陷入火海深淵，人民流血不止。流傳下來的一首哀歌寫到：「烏瑪毀滅了拉格什城，對寧吉爾蘇犯了罪，觸犯了他的手，他要砍斷它。吉爾蘇之王烏魯卡基那沒有罪過。至於烏瑪的恩西——盧伽爾扎吉西——願他的女神尼沙巴把他的罪掛在他的脖子上。」這裡，作者不僅讚責了烏瑪的暴行，而且保留了對烏魯卡基那的美好回憶。

薩爾貢——最早統一兩河流域者

在古代兩河流域的歷史上，先後有過三個名叫薩爾貢的國王。第一個是公元前廿四世紀的阿卡德王薩爾貢，即本篇要介紹的國王；第二個是公元前十九世紀的亞述王薩爾貢一世——關於他的事蹟，現在幾乎一無所知；第三個就是古代亞述帝國的國王薩爾貢二世（Sargon II，公元前七二二～前七〇五年在位）。

盧伽爾扎吉西戰勝烏魯卡基那後，又戰勝了其他一些蘇美爾城，儼然有統一蘇美爾之勢。可是，就在他統治的時期（約公元前二三七一～前二三四七年），北面的阿卡德興起，並擊敗他，統一了蘇美爾和阿卡德。

阿卡德王國（約公元前二三七一、前二一九一年）的創立者是薩爾貢（約公元前二三七一～前二三一六年）。「薩爾貢」不是一般人名，它的意思是「合法的國王」。根據傳統說法，薩爾貢出身於平民家庭，「母卑，父不知所在」，是個私生子。出生後，其母把他丟棄在底格里斯河岸邊，被一個打水的園丁帶回，撫養成人，成為園丁。後來他被推薦給基什王烏爾扎巴巴當園丁，並兼做廚師，取得「獻杯侍者」之職，以國王近臣的身分，逐漸熟悉了軍政業務和必要的教養。

他的成長過程使他有別於世襲接班的普通蘇美爾國王，在審時度勢及用兵方面高出一籌。當他剛剛奪取政權時，大概由於基什舊貴族的勢力仍然十分強大，所以仍沿用基什的國號，稱「基什王」。待地位鞏固後，他便自建新都阿卡德城。但這個阿卡德城的遺址迄今猶未發現。一般認為，它位於日後聞名於世的巴比倫城附近百餘里之內。這兒正是幼發拉底和底格里斯兩條河流最為接近之處，又處於兩河流域中樞，上可控制亞述、敘利亞，下可威逼整個蘇美爾地區。國都的選擇顯示了薩爾貢的戰略頭腦。

薩爾貢之所以能統一兩河流域，在於他有一支常備軍——它可說是世界上第一支常備軍。這在當時是一種無敵的力量。在他之前，士兵均來自田野的農夫，有事臨時召集，無事解甲歸田。這種沒有經過一定訓練的烏合之眾，非常容易因一、兩個戰役的勝敗而影響戰爭的全局，所以是不穩定和不牢靠的。薩爾貢為了鞏固自己的統治地位，便在臨時召集起來的士兵中挑選了五千四百名壯實的年輕人，常備在身邊。據他的銘文說，這些士兵「每天都在他的面前用膳」。和平時期作為保護

・薩爾貢

他個人安全的近衛軍，一旦發生戰爭，便可備急用。他給他們裝備了威力較大的武器——弓箭，這是蘇美爾人所沒有的。這些弓箭手尤以準確著稱，足以使敵人聞風喪膽。他還注意到培養他們近戰的勇敢精神，使他們每遇敵人近身，便能以徒手肉搏而制勝。薩爾貢能夠鞏固王位，就是靠了這支訓練有素的常備軍。在隨後的 34 次對外遠征中，也是以這支軍隊為核心。

薩爾貢以武力征服達到的統一是相當殘酷的。當擊敗盧伽爾扎吉西時，他用套狗的繩圈把他拖到神廟前，要他「穿過恩利爾火燒著的大門」，也就是要燒死他祭神。其妻亦被薩爾貢收為侍妾。接著他毀滅了烏魯克、烏爾、拉格什、烏瑪，並且「洗劍於海」。所謂「海」，當然是波斯灣。由於他的東征西討，版圖大為擴張——從「日出處」（即東部的埃蘭）到「日沒處」（即西部的敘利亞和巴勒斯坦），從「上海」（即北部的地中海）到「下海」（即南部的波斯灣）。他自稱「天下四方之王」或「大地之王」。

薩爾貢的智慧並不全由他的軍政才能體現出來。他注意興修水利，維護河水灌溉，擴大和完善灌溉系統。像埃及人使用的沙杜夫（即吊桿汲水的設備）也出現了。

為了便利貿易，他規定了十進位制的度量衡制度，統一了全國的度量衡。與外國的商業貿易，也早隨著他的軍事活動擴大了範圍。考古學家曾在巴格達附近發現屬於這個時期的刻有古印度文字的印章，說明這時的對外貿易已遠達印度河流域。

阿卡德人定居兩河流域時，其文化落後於蘇美爾人。據說，當時他們「腳著草鞋，面有黑鬚，肩掛重鎖」，「居處無定，逐水草而苟安」，也沒有文字。軍事上，他們是勝利者，但在文化上，他們是被征服者。薩爾貢統一兩河流域後，借用蘇美爾人的楔形文字作為自己的文字，只是稍稍改良一下字體和綴音而已；採用蘇美爾人的天文曆法、數字、文學、宗教，並把這些方面的著作編目收藏於書庫。值得稱道的是，阿卡德人能夠在模仿中創新，把蘇美爾的圓形泥版改為方形泥版，既好存放，又可多藏；在學習蘇美爾人雕刻圖章的技藝之後，他們雕刻圖章的技藝又超過了蘇美爾人。

阿卡德人統一兩河流域之後，也促進了古代東方各地商業的發展和文化的交流。當時阿卡德人的武力控制了敘利亞和巴勒斯坦一帶，埃及人的商船則經常出入地中海東岸的港口。前此大致是各自獨立發展起來的兩河流域古文明與埃及古文明，這時就開始有了頻繁的接觸。

早在薩爾貢統治末年，國內便爆發了好幾次起義。有一次，起義者甚至包圍了王宮。以後還爆發過多次起義，削弱了阿卡德的統治。公元前二一九一年，東部山區的庫提人侵入兩河流域，消滅了阿卡德王國。

儘管我們對薩爾貢的歷史了解得如此之少，但僅就這些，我們也有理由認為，他是一位軍事家、政治家。他統一兩河流域的功績和對兩河流域早期歷史所起的作用是不能抹煞的。薩爾貢完全可以和漢謨拉比齊名媲美，完全可以像埃及的美尼斯、中國的秦始皇和印度的施陀羅笈多那樣留名史冊！

漢謨拉比——
史上最早的成文法典頒布著

漢謨拉比（Hammurabi 或 Hammurapi，約公元前一七九二～前一七五〇年在位）是古巴比倫第一王朝的第六代國王。巴比倫的興盛和他的名字緊密聯繫在一起。

・漢謨拉比

公元前一八九四年左右，塞姆族中的一支阿摩利人（Amorties，意為「西邊人」）首領蘇穆阿布姆以幼發拉底河畔的巴比倫城（Babylon，意為「上帝之門」）為首都，建立了一個王國，即歷史上所稱的「古巴比倫王國」。這個新興的王國聚集力量，逐漸強盛起來，不斷向四周擴展，佔據了兩河流域全境。也就是從這時起，人們開始把美索不達米亞稱為「巴比倫尼亞」（Babylonia，因巴比倫城而得名），而把美索不達米亞的居民，不論其為蘇美爾人、阿卡德人還是阿摩利人，一概稱之為「巴比倫人」。

漢謨拉比登基時，巴比倫領土不過百里，但境內土地肥沃，水源充足，若善加治理，可大展宏圖。因此，當政的頭幾年，漢謨拉比對外向北方的亞述稱臣，對內致力於制定法律，修築城牆，重建神廟，消弭內爭。其後，從他在位的第六年起，開始向外擴張。

漢謨拉比是一位睿智善變的外交家，善於審時度勢，利用矛盾，各個擊破。他的基本策略是遠交近攻，盡可能聯絡較多的盟友，集中全力，打擊一個主要敵人。一開始，他向北方的亞述稱臣，同時與南、北鄰邦拉爾薩、馬里結盟，以三國聯合的力量消滅了南方近鄰伊新。此後，他特別致力於同北方的馬里結好，其目的在於消滅南方的拉爾薩。其時，馬里是一個強國，與東部地中海許多城市有著貿易往來和外交關係。漢謨拉比與馬里王吉姆里利姆稱兄道弟，商定在國際事務中採取一致行動。在這種情勢下，漢謨拉比於公元前一七六〇年與他的勁敵進行了決定性的戰爭，數月圍攻之後，終於消滅了敵國。南方既定，剩下的征服對象就是北方的老盟友馬里了。吉姆里利姆這才有所醒悟，便急忙召回他派去幫助巴比倫征服拉爾薩的部隊。但為時已晚。漢謨拉比指揮得勝之師，大舉北上征討，馬里只有表示臣服的份了。漢謨拉比的這一遠交近攻戰略，貫穿了他對外擴張的整個進程。

漢謨拉比採取靈活的外交手段和軍事征服政策，總共花了三十五年的時間，用來翦除城邦割據，消弭混戰，從而重新統一了兩河流域，創建了一個從波斯灣到地中海沿岸的中央集權奴隸制帝國。他自稱是「強大之王，巴比倫之王，阿摩利的全國之王，蘇美爾、阿卡德之王，世界四方之王。」在他當政期間，巴比倫成了西亞最大的經濟、政治和文化中心。這主要應該歸功於漢謨拉比實行了一系列較為現實的政策。

漢謨拉比為了發展農業，大力興修水利。按漢謨拉比的年代記，在他統治的第八、九、二十四和三十三年，都是開鑿河渠、興修水利之年。他曾經自己誇耀著說：「我修通了運河，帶來充沛的水源，灌溉蘇美爾和阿卡德的田疇。我把兩岸的土地變成綠野，我保證了穀物的豐收……」這些運河被稱為「人類富源」，促進了當地經濟的發展。

政治上，他利用宗教鞏固王權，使自己成為至高無上的統治者。他擁有極完備極龐大的官僚機構。他的中央政府設有各部，都派了專任的官吏管理。還有專門管理灌溉的官員，叫作「河渠書記」。不僅如此，我們還可以從漢謨拉比致大臣的書信內容推斷出，這位古巴比倫國王事必躬親，直接控制國家的一切重要事情。例如，他曾下詔，命令拉爾薩地區的總督辛·伊丁那姆將三名宮廷門吏押解到王宮。在另一篇詔令中，他命令辛·伊才那姆查一件行賄案；指示說，如果情況屬實，應將贓款、贓物、受賄者及知情人證押送到王宮。有一篇詔令提到，漢謨拉比命令辛·伊丁那姆將八名未到任者解送到巴比倫城。此八人中，一名是隊長，一他是宮廷侍者，一名是占卜者。這些事實充分說明，漢謨拉比嚴密控制和監督著中央及地方政府，甚至低級官吏都由他任命。他可以任意逮捕政府官員。

漢謨拉比不僅重視武功，也注意文治。晚年他根據國內新的社會經濟關係，在各邦原有的奴隸制法典的基礎上，結合阿摩利人的氏族部落習慣法，制定了一部新的成文法典——《漢謨拉比法典》。這是目前所知，人類歷史上第一部較完備的成文法典，它清楚地描寫了當時的經濟和社會制度。因此，我們敘述這一時期的社會情況比較容易。

漢謨拉比時代是古巴比倫的全盛時期。他死後，帝國便立即烽煙四起，開始衰落。北方有加喜特人來侵，南方有伊新、烏魯克等地的暴動，內部鬥爭更加激烈。大約公元前一五七五年，赫梯人南侵，佔領了巴比倫首都，巴比倫遂告滅亡。

提格拉特·帕拉沙爾三世——亞述帝國的真正創建者

提格拉特·帕拉沙爾三世（Tiglath-Pileser，公元前七四五、前七二七年在位），古亞述帝國的國王，帝國從一度衰弱轉向強盛的開創者，亞述帝國的真正奠基人。

在一場大起義後登上王位的提格拉特·帕拉沙爾三世面對的是一個積弱近一個世紀的「亞述帝國」。長期的兵燹，給亞述國內人民帶來沈重的負擔，引起國內人民的強烈不滿。據亞述《名人官表》記載，在公元前八世紀，亞述曾多次發生過人民起義，而且往往發生在京畿。公元前十～九世紀帝國興起時征服的地區，有的已不再向帝國納貢，有的實際上已經獨立，有的表現出獨立的傾向。整個帝國處於風雨飄搖之中。但提格拉特·帕拉沙爾很快使帝國進入一個新的發展階段。

提格拉特·帕拉沙爾在軍事方面進行了一系列改革。實行募兵制——這是亞述兵制的一次重大改革。原來的亞述軍隊是由民兵組成。由國家提供給養，以組成常備軍。除了中央直接指揮從事遠征的「中樞兵團」之外，還建立地方兵團戍守各地，並在被征服地區募集兵員。亞述士兵以勇敢著稱——這同他們所從事的職業分不開。亞述的大量居民從事畜牧業，並善於狩獵。在亞述的浮雕中，常常有描繪國王射獵獅子或同獅子格鬥的情景——這也反映了亞述人的勇敢氣質。在兵種建設上，他除了加強原有的重裝、輕裝步兵和騎兵、戰車兵的編制外，還新增工兵與輜重兵。特別是工兵，在開路、搭橋、築壘、建城和修造攻堅器械方面發揮了重要的作用，為世界軍事史上之首創。軍隊的裝備也有很大的改善。由於鐵器的流傳，除了青銅器外，也配備了鐵製刀槍及其他武器；特別是發明了投石機、衝城器等攻城器械。軍隊組織的上述改革和武裝力量的加強，大大提高了部隊戰鬥力。

他對俘虜和被征服地區之居民的政策也進行了改變。在此之前，亞述軍隊所到之處，往往將俘虜剝得赤裸裸的，帶上頸伽帶走；對被征服地區的居民，除將留作奴隸的帶走外，並不准他們攜帶家屬和食物，剩下的人往往被斬盡殺絕，房屋被燒毀，留下一片廢墟。自提格拉特·帕拉沙爾三世開始，對被征服地區，他不再採用燒光、殺光、搶光政策，而是將甲地的被征服者調往乙地、乙地的被征服者調往甲地，使他們散離本鄉，難以起義，同時也更便於長期剝削他們。遷移時，他儘量使不同地區，講不同語言的居民混合，使其互不相識，不便交往。但他准許他們攜妻子，並帶上部分財產。這種遷徙和混居的辦法後來成為一種制度（納薩胡），一直存在到亞述帝國滅

・提格拉特・帕拉沙爾三世

亡時。

行政改革方面，他重視劃省而治，使之走向正規管理。他將原來由總督掌管的大區改為較小的行省，任命省長負責治理。到公元前七三八年，帝國全境省區達八十個，省長專管收稅、募兵、提供軍需、組織募役、制止軍旅對居民的掠奪勒索。又另委專員監督政務，專員直接聽命於中央，以加強國王對各地的控制。他還規定亞述人可以直接上書國王，據此以檢查吏治軍情。他還下令普查全國人口，建立驛站聯網通郵，使帝國統治逐漸走上正軌。

這些措施取得顯著的效果，國力加強，地方亦漸趨安定，提格拉特·帕拉沙爾的對外擴張因而頻傳捷報。他打敗了亞述的勁敵烏拉爾國，征服了整個敘利亞地區，插手巴比倫的王位繼承，進而使巴比倫、亞述合併，自己成了巴比倫之王。這些戰爭極為殘酷，其中尤以攻克大馬士革為烈。

公元前七三四年，在通往大馬士革的路上，匆匆行進著一支大軍。這就是由強悍無敵的提格拉特·帕拉沙爾三世率領的亞述軍團。隊伍來到一條小河旁，熟練的士兵匆忙吹起了皮囊，把它們綁在一起，在上面鋪上杉木板。這樣做成的木筏不僅能夠渡過騎兵，也可以渡過戰車。亞述帝國軍隊渡過小河，直逼大馬士革城下。

大馬士革王列村決定只在城下應戰。雙方兵力懸殊。亞述帝國鋪天蓋地而來，有五千輛戰車，騎兵像「海灘上的沙」那樣多。而大馬士革城內只拼湊出兩千輛戰車，士兵只有亞述的一半，而且孤立無援，看來只有拼死一戰，或能保全。

大馬士革城外的平原上，兩軍迅速進入戰場。在亞述士兵進攻下，大馬士革軍隊亂成一片。他們在城堡塔樓的掩護下匆匆退卻。百發百中的射手從塔樓裡放箭射退尾追逃跑者的敵人。但四個將領被亞述人俘虜，在亞述王命令下，被打得皮開肉綻，綁在大馬士革城門前的木樁上。大馬士革人再也不出城作戰了。他們儲備的糧食可維持五年，決心堅守。亞述人圍城一年多，仍未能使其屈服。惱羞成怒的亞述王決定強攻。

公元前七三二年的一天，在大馬士革城下，亞述王命令士兵拉來二十隻「大蒼蠅」——亞述王就是這樣稱呼他製造的攻堅器械。不論是埃及人、巴比倫人或以色列人，都不會破壞敵人的堅強工事，他們攻取城堡的辦法不是圍困，便是在夜幕掩護下，沿著搭在牆上的雲梯爬上城奇襲。可是，亞述人卻創造出別具一格的攻堅器械。這是一些巨大的木框子，在它上面拉張著堅韌的馬鬃和橡樹皮膜編成的粗索。繩索由一些特別的轉盤扭緊，然後繩子一鬆，就會產生很大的力量，繩子又伸直了，拋出沈重的石彈，打到被圍城堡的門上和牆上，造成很大的破壞。「大蒼蠅」把大馬士革南面的城牆門打破了許多處。得意的亞述王又讓士兵們換上攻城器。這種攻城器頗像巨大的籠子，每個籠子裡面用皮帶牽動著一根用鐵皮包起的沈重尖頭的粗木柱。四個大力士拉動著皮帶，攻城器就撞擊著塔角，磚塊紛紛下落。城上的士兵慌忙射出帶火的箭。可是，亞述士兵在盾牌掩護下，很快撲滅了火焰，攻城器繼續轟擊城牆。不久，城牆上出現一條裂縫。第二天，正城門崩塌了，亞述士兵衝進城。大馬士革人仍然頑強抵抗著，激烈的巷戰整整持續了七天七夜，第八天全城被占領。戰敗的大馬士革慘不忍睹。以凶殘著稱的亞述人對誰也不留情。他們用棍棒敲碎受害者的頭顱，用短劍割斷受害者的咽喉，還把上千戰俘綁在上端削尖的木樁上，讓他們在痛苦中慢慢死去。轉瞬間，北城門邊，砍下的人頭堆成了一座小山。渾身是傷的大馬士革王被捆綁著押到亞述王面前。亞述王凶狠地盯了他一眼，就下令把他斬首了……

亞述就是這樣殘酷地蹂躪戰敗的國家。

提格拉特·帕拉沙爾統治的十八年間，是亞述帝國歷史上的一個轉折點。通過他的改革、整頓和對外擴張的軍事勝利，帝國得以轉弱為強，並為後來發展到更強盛的階段奠定了基礎；帝國的版圖空前擴大，東達伊朗高原西部，西到地中海邊，南到波斯灣，北到兩河上游。在他統治的時期，亞述社會經濟、文化、軍事技術有所發展；由他建立或健全起來的行政制度、驛站制度及一些軍事制度和技術，對後起的新巴比倫王國、波斯帝國和羅馬帝國發生了不同程度的影響。提格拉特·帕拉沙爾可稱為上古奴隸主時代帝王中一名有作為的軍事家和政治家。

辛那赫里布

辛那赫里布（Sennacherib，公元前七〇五～前六八一年在位，意為「月神降下的兄弟們」）是亞述帝國的國王，在淵源流長的亞述王表上排在第一位。還是王太子時，他就被其父薩爾貢二世委以形勢複雜的北方行省要職；就任王位後，他與各方面的強敵進行了多次激戰，表現出統帥的才幹，成為亞述史上最著名的國王之一。

辛那赫里布繼位時，有幾處地方同時爆發了反對亞述人的起義。迦勒底人的首領梅羅達克·巴拉丹又奪取了巴比倫的政

・辛那赫里布

權。埃蘭[1]也支持迦勒底人。辛那赫里布召集大軍，直撲巴比倫，雙方在兩河平川上展開激戰。由於指揮得當，加上裝備先進，亞述終於戰勝頑敵，巴拉丹狼狽逃到波斯灣附近的沼澤

---

[1] 埃蘭地處今伊朗西南，南瀕波斯灣。其南部地區是卡倫河和凱爾哈河（古稱烏拉伊和烏克奴河）平原，與兩河流域南部相接。其北部是札格羅斯山脈。由於地理上的原因，埃蘭與文明發源地兩河流域的歷史緊緊連在一起。埃蘭人和現代印歐語系的伊朗人並沒有血緣關係，它似乎是一個獨立的民族。亞述人和現代住在伊拉克的阿拉伯人雖同屬塞姆語系，但前者並不是後者的直系祖先。

區。大勝後，辛那赫里布將兩萬多迦勒底人從巴比倫遷走，企圖用這種方法使巴比倫的統治階級向亞述的統治妥協。為了達到這一目的，他甚至把一個在亞述宮廷中教養出來的巴比倫貴族放到巴比倫的王位上。這個貴族像「小獵狗」一樣，忠順地為亞述人服務。接著，他打敗了埃蘭軍隊，迫使他們向他交納了大量貢品。但巴比倫和埃蘭並不屈服，當辛那赫里布遠征西陲之時，巴拉丹流亡埃蘭而死，餘部仍在活動。辛那赫里布立自己的長子阿淑爾那丁為巴比倫王，並遠征埃蘭，以求蕩平敵酋餘部。可是，埃蘭人卻進軍兩河，占領了西帕爾。巴比倫又爆發起義，並把亞述王子困於埃蘭（後死於埃蘭）。一時形勢驟變，埃蘭領導的反亞述聯盟幾乎席捲東南地區。史料形容其軍旅之多，有如「一群群遮天蔽日的蝗蟲」，戰況之激烈可想而知。亞述軍雖自稱殺敵十餘萬人，卻未能奪得巴比倫。

後來，趁埃蘭內亂，辛那赫里布方得以進入巴比倫。為報長子被害之仇，他做出了一件在世界歷史上最可怕、帶有侮蔑宗教性質的行動——他把亞述，巴比倫文化之搖籃的城市巴比倫城夷為平地。巴比倫居民的一部分被遷移到別處，一部分被罰為奴隸。之後，他又下令打開閘門，把幼發拉底河水放到被破壞的城市裡，以免巴比倫再度從廢墟上興建起來。河水就這樣殘酷地淹沒了不久以前還有幾十萬居民的城市。對此，辛那赫里布公然表示：「我破壞這個城市比洪水徹底得多。為了使將來誰也不能再想起這座城市的所在地，想起這座城市的寺廟和神，我用水淹沒了它。」

其後，他可能覺得對巴比倫報復得有點過分，擔心會由此引起普遍不滿，於是開始了興建、恢復巴比倫城的工作。他派王后那吉婭坐鎮巴比倫尼亞的一個城市，主持巴比倫的重建工作。從那吉婭的名字看，她是巴比倫人。她是一個很有才幹的女政治家。由於她的巴比倫血統，本地人民對她比較擁護。這使她得以成功地開展重建巴比倫的工作，並巧妙地維護了亞述在此地的統治。或許在她的影響下，辛那赫里布選中了她所生的兒子阿薩爾哈東為王太子。那吉婭在丈夫死後，還活了很久。她輔助兒子和孫子亞述巴尼拔統治帝國數十年。她的事蹟和她之前的另一個女政治家——沙馬什阿達得五世之妻、阿達德尼拉里三世之母沙姆拉瑪特的事蹟混在一起，流傳到後來的希臘人那兒，形成了希臘傳統中著名亞述女王色米拉米斯的神奇故事。

接著，辛那赫里布又專心於建築事業。他常去王宮的建築工地觀察工程的進展和鎮守宮門之巨大石獸的運輸工作。他給自己的宏大宮殿起名為「無可匹敵之宮」。新建的宮殿有兩個對稱的尖頂樹立在正面，兩側則是由無數個套間圍繞的庭院和天井。宮殿裡收藏著大量珍貴的財寶——這些都是在歷次戰爭中掠奪來的。其武器庫據說可以裝備十萬大軍，可見規模之大。

他大大擴展了尼尼微城區，並為之架設了一個城市輸水槽路，其中有二八〇米長的石砌水道。這一水道穿山過河，把清澈的山泉引入城區，解決了底格里斯河水位低時城市的供水問題。這恐怕是世界上最早的大型城市供水道。在城外，他修建了美麗的園林，裡面有外國進貢的各種奇花異木、珍禽怪獸——文獻中所提到的「長羊毛的樹」，可能就是棉花。

在這以後不久，由於宮廷陰謀，辛那赫里布被殺。其子阿薩爾哈東（公元前六八〇～前六六九年在位）繼續重建巴比倫的工作，穩定這一地區的局勢。到其孫亞述巴尼拔（公元前六六八～前六三一年在位）統治時，帝國的版圖到了最大，擁有西亞全境並暫時占領埃及，號稱東臨伊朗高原，西抵地中海濱，北達高加索，南接尼羅河，成為世界歷史上空前龐大的大帝國。

尼布甲尼撒二世——「空中花園」的建造者

尼布甲尼撒二世（Nebuchadrezzar II 或 Nebuchadnezzar II，約公元前六〇五～前五六一年在位）是新巴比倫王國（又稱迦勒底王國）最著名的國王。一提到他，人們總會想起「巴比倫之囚」和「空中花園」。

新巴比倫王國的建立者那波帕拉沙爾於公元前六一二年滅亞述帝國，把其國土北部劃歸同盟者米底，南部地區則歸巴比倫。但是，劃歸巴比倫的土地還有待征服。亞述傾覆時，隸屬於亞述的敘利亞、腓尼基和巴勒斯坦得到了解放，他們企圖靠埃及的幫助，不讓巴比倫統治自己。公元前六〇七～六〇五年，那波帕拉沙爾與埃及人在幼發拉底河上游屢有交鋒，新巴比倫軍隊放棄了一些重要據點。在這種形勢下，尼布甲尼撒受命統帥全軍與埃及軍隊作戰。戰鬥發生在幼發拉底河西岸的卡爾赫米什。公元前六〇五年，尼布甲尼撒率軍在下游先行渡河，而後沿西岸向敵人發動進攻。這條進軍路線省卻了在敵人眼前架橋渡河，避免了行進中流受敵狙擊的危險；而且，沿西岸向駐屯在卡爾赫米什的敵人推進，易於切斷其南逃的退路。戰鬥進行得非常激烈，「勇士與勇士彼此相碰，一起跌倒。」「埃及軍隊遭到了慘敗，好像圈裡的肥牛犢，他們轉身後退，一起逃跑。」尼布甲尼撒窮追不捨，在哈馬什全殲了這支埃及軍隊。卡爾赫米什之戰顯示了尼布甲尼撒的軍事才能，提高了他的威望，對加強他在國內的地位很有影響。

公元前六〇四年，尼布甲尼撒二世即位為新巴比倫王國國王。當時，敘利亞立即歸順新巴比倫王國。但腓尼基和巴勒斯

・尼布甲尼撒二世

坦地區搖擺不定。埃及對這一地區仍念念不忘，準備隨時插手，捲土重來。推羅和西頓等腓尼基城市也與埃及結盟。面對這一複雜的形勢，尼布甲尼撒繼續與米底王國結盟，娶米底公主阿米蒂斯為后，鞏固了自己的後方。

公元前五九七年，尼布甲尼撒二世出兵巴勒斯坦，攻占耶路撒冷，扶植猶太人齊德啟亞為傀儡，統治猶太人。公元前五九〇年，埃及法老普薩姆提克出兵巴勒斯坦，推羅國王投靠埃及，西頓被占領，齊德啟亞及巴勒斯坦、外約旦等地的一些小王公也紛紛倒向埃及。與此同時，米底王國同新巴比倫王國的關係也緊張起來，有可能發生衝突。為此，新巴比倫王國築起了一條防範米底人的長城。不過，米底人因忙於同烏拉爾圖和西徐亞人進行戰爭，無力再同新巴比倫王國對抗。於是，尼布甲尼撒二世騰出手來，於公元前五八七年第二次進軍巴勒斯坦。他迫使埃及放棄了對巴勒斯坦的野心，並圍困猶太人的聖城耶路撒冷。猶太國王齊德啟亞突圍失敗，落入新巴比倫王國軍隊之手，被挖去雙眼，送往巴比倫尼亞。公元前五八六年，耶路撒冷在經過一年半的圍困後被攻破，慘遭劫掠、破壞，大部分居民被俘往巴比倫尼亞，史稱「巴比倫之囚」。尼布甲尼撒二世還對腓尼基的推羅城進行了長期圍攻，但一直未能將其攻克。公元前五七四年，雙方議和，推羅國王承認尼布甲尼撒為尊者，但實際上仍保持了推羅的自治地位。外約旦的一些小公國則被迫向尼布甲尼撒二世稱臣。

到了公元前五六九年，埃及發生王位之爭，尼布甲尼撒二世趁此侵入埃及，但結果不詳。不過，至少已阻止了埃及對巴勒斯坦的野心。

尼布甲尼撒重視加強巴比倫的城防，因此極力想在巴比倫周圍建設一道防禦工事，並把整個巴比倫地區變成一個強大的設防區。尼布甲尼撒二世本人在自己的銘文中詳細報導了這些工程的情況。它被三道城牆圍繞，運河和堤壩系統在危險的時候，可以用來淹沒城市周圍的廣大土地，使巴比倫城難以從外面攻破。關於這一點，國王在自己的銘文中寫道：「為了使企圖作惡的敵人不能接近巴比倫的城牆，我就用類似滔天浪頭的強大江河把國家包圍起來。渡過這些江河就像渡過了鹽水的大海一樣。」

接著，尼布甲尼撒二世為了媚悅他的皇后米迪絲（她原為米底的公主），特下令在宮中用假山假石砌了一座玲瓏別致的「空中花園」，綠蔭浮空，恍如人間仙境，登之可俯瞰巴比倫全城，被認為是古代世界的「七大奇觀」之一。但古代作家有

・空中花園（另一個角度）

關「空中花園」的記載並不曾為考古發現所證實❷。不過，尼布甲尼撒的確修繕、擴大了巴比倫王宮。王宮布局複雜，曲徑通幽，有許多房間可供使用。巴比倫氣候炎熱，但王宮內卻是綠樹掩映，涼爽宜人，還有用於露天活動的寬敞庭院。

尼布甲尼撒二世的統治是相對穩固的，這和他採取靈活的內政外交政策分不開。對內，他除了爭取神廟祭司的支持外，還依靠軍事貴族進行統治。他把自己的女兒嫁給了尼爾伽爾沙雷澤爾（Nergalsharezer）。此人係平民出身，是新巴比倫軍隊第二次圍攻耶路撒冷時的主將。新巴比倫的軍事貴族常常從國王那裡得到土地，尼利格利撒爾就是富有的大土地所有者；尼

❷ 參見吳宇虹《新華文摘》一九九七年第 5 期。

布甲尼撒二世還曾讓他管理過西帕爾神廟的商業事務。後來尼布甲尼撒二世的兒子死後，尼利格利撒爾繼其位成為國王（公元前五五九、前五五六年在位）。外交上，尼布甲尼撒二世也表現出卓越的才幹。在公元前五九一～前五八五年的米底—呂底亞戰爭中，雙方相持不下。尼布甲尼撒派遣使臣調解。恰在這時，即公元前五八五年五月二十八日，發生了一次日蝕，交戰雙方都嚇壞了，尼布甲尼撒的使者便利用這一現象進行調解，雙方於是決定締結和約。條約規定：雙方和親，且以哈里斯河為界，互不侵擾。

不過，新巴比倫王國旋興旋滅。尼布甲尼撒在位四十四年，在他逝世後，新巴比倫王國便逐漸衰落下去。這時，東方強大的波斯帝國已經興起。公元前五三八年，波斯王居魯士（Cyrus）率兵進圍巴比倫城。雖然巴比倫有那樣堅不可摧的防禦工事，但城內那些耽於逸樂的大祭司和大貴族卻無心抵抗。他們無恥地開城納降，讓波斯人不戰而勝。就這樣，延續了七十多年的新巴比倫王國被波斯人滅亡了。

Chapter 3
典章制度篇

最早的兩院制議會

人們曾長期認為，民主政治最早出現於古希臘。但是，在一九五九年，美國著名的亞述學學者 S．N．克拉默以〈第一個兩院制的「國會」〉為題，在《歷史發軔於蘇美爾》一書中寫道：

「看起來，民主政治似乎為西方文明所壟斷、甚至它的機關僅僅出現於近百年內。然而，誰能想到，那些政治大會幾千年前竟會在我們的意識中，無論如何與民主觀念沒有聯繫的國家召開——今天我們看到了大約五千年前在最出乎意料的地方——近東進行的政治會議！總之，公元前二八〇〇年左右，第一個我們所知的政治會議隆重開幕。和現代國會類似，它由兩個議院組成：上議院，即『元老院』或長老會，和下議院。能攜帶武器的全部男性公民可參加到這一工作中。」

克拉默上述論斷所依據的材料是《吉爾伽美什與阿伽》史詩。他把古代奴隸制民主政治機關與現代資本主義的議會相比擬，雖然不是很恰當，但是，這也說明，在古老的東方，早期也曾經存在民主制。當然，古代的民主共和國不僅蘇美爾，就是亞述、小亞、印度等地也同樣存在過。只是，《吉爾伽美什與阿伽》所提供的情況是比較典型的，而且從年代上看，時間也比較早。

大致在距今六千年前，蘇美爾的平原上興起了許多雉堞崢嶸的城市，其中比較重要的是烏爾、埃利都、拉伽什、烏魯克和尼普爾。這些城市及其附近所屬的地區，各自形成獨立的小王國，相互之間經過幾百年的爭霸戰爭，直到公元前三千年代後半葉，阿卡德王國統一蘇美爾的城市國家時為止。但這一時期國家的政體，即政權形式的問題，長期以來一直是個未解之謎。國外的一些學者曾主張，古代東方國家由於進行水利灌溉，與希臘、羅馬不同，必然會形成東方專制主義，在那裡根本不會有民主的傳統。但是，從史詩《吉爾伽美什與阿伽》發表後，上述的論點開始動搖了。

《吉爾伽美什與阿伽》是《吉爾伽美什》史詩中的一部分，共計一五〇行。原文是刻寫在泥版上的楔形文字。部分譯文曾於公元一九三六年、一九三九年分別發表過。直到一九四九年，克拉默才在《美國考古雜誌》發表了《吉爾伽美什與阿伽》的全部原文和譯文。《吉爾伽美什與阿伽》史詩成書於公元前二千年代前期，但是，史詩所能追溯的年代則有爭論。大體說來，它反映了公元前三千年代前期，即公元前二八〇〇～前二七〇〇年代的社會政治事件。《吉爾伽美什與阿伽》史詩敘述的是基什與烏魯克的一次戰爭。基什王阿伽遣使前往烏魯克會見吉爾伽美什王，提出挖掘「諸井」的要求，也就是要烏魯克人服從基什，承認基什的霸權地位。吉爾伽美什王當即召開了長老會議，討論是降服還是抵制基什的問題。

史詩寫道：

首領吉爾伽美什在他的城市長老之前說出事由，覓取〔他們的〕答話：
完成諸井，完成境內所有的井，
完成諸井和境內的小容器，
挖掘諸井，完成那緊緊的繩索，
我們不要向基什的家族投降，我們要用武器打它。

吉爾伽美什表示了不屈服，準備戰鬥的決心之後，長老們卻提出了相反的決議。他們說：「我們要向基什的家族投降，我們不要用武器打它。」可是，吉爾伽美什正在想「幹一番事業，並不把他的城市長老的話考慮在心。」於是他又召開了城市的民眾會議。民眾答覆吉爾伽美什：「不要向基什的家族投降，我們要……用武器打它。」正當吉爾伽美什根據民眾會議的決定，準備戰鬥時，阿伽率領軍隊包圍了烏魯克。最後，吉爾伽美什登上了城牆，與阿伽晤面，雙方又言歸於好。

這個故事首先說明了基什對烏魯克的霸權，其次表現了當時城邦的王在重大問題上還不能獨斷專行，而且民眾會議對長老會議也還能起到抗衡作用。換句話說，烏魯克城市國家的管理機構是由城市首領、長老會議、民眾會議三部分組成的。

城邦的王稱為「恩西」（Ensi 是讀法，寫法不同，作 Patesi）或「盧伽爾」（Lugal）。「恩西」或「盧伽爾」作為城市國家的首領，通常是領導城邦的祭祀，主管神廟、水利等工程的興建，掌管神廟經濟，統率軍隊作戰等等。但是，在城邦之間爭霸的時代，他們都還不是具有絕對權利的專制君主。從《吉爾伽美什與阿伽》史詩的記載來看，儘管吉爾伽美什王有他自己的意願和決心，但他沒有決定戰與降的最高權限。所以，他先召開了長老會與民眾會。長老會與民眾會起源於原始社會末期，它們與軍事首領一起構成了軍事民主制的管理機構。《吉爾伽美什與阿伽》所反映的是公元前三〇〇〇年代初期，國家形成以後的歷史事件，所以，史詩所反映的長老會與民眾會決不是軍事民主制的，而是共和制的城市國家機構。從吉爾伽美什召開長老會與民眾會決定戰與降的問題來看，烏魯克顯然是一個共和國。

有趣的是，長老會與民眾會做出了完全對立的決議，而吉爾伽美什居然採納了民眾會的決議，決定與基什作戰。這就表明了人民的意志是算數的。根據這種情況來看，烏魯克顯然是一個民主政治的共和國。當然，奴隸制時代的民主只能是奴隸主的民主，即包括農民、手工業生產者在內的自由民的民主，奴隸當然是不包括在自由民之內的。

楔形文字法系

「楔形文字法」是古代亞洲西南部兩河流域及其毗鄰地區各奴隸制國家法律的總稱，因以釘頭或箭頭狀的楔形文字鐫刻於泥板、石柱之上而得名。由於它們之間相互因襲、模仿的因素眾多，故被稱為「楔形文字法系」。一般說來，這個法系的最終形成以其主要代表、公元前十八世紀的《漢謨拉比法典》之制定為標誌。這個法系的主要法典包括：《烏爾納木法典》（約公元前二一一三～前二〇九六年）、《俾拉拉馬法典》（約公元前二十世紀）、《李必特・伊絲達法典》（約公元前二十世紀）、《蘇美爾法典》（約公元前十九世紀）、《漢謨拉比法典》、《赫梯法典》（約公元前十五～前十三世紀）、《中亞述法典》（約公元前十五世紀）等等。其中，只有《漢謨拉比法典》是保存迄今，比較完整的法典，其餘都僅存一些殘片。

這個法系具有如下特徵：（一）皆以楔形文字鐫刻；（二）形式上逐漸以序言、正文、結語的「三段式」的過渡結構來表述；（三）雖然多處提到神，但從它所涉及的社會關係和調整方法上看，都完全是世俗性的法律；（四）是習慣和審判實踐的記錄，缺乏抽象概念和普遍立法原則；（五）諸法合體，民刑不分，訴訟與實體不分。

它是迄今所知，世界上最早的成文法系，其立法技術對後世產生了巨大的影響。

《烏爾納木法典》——人類史上第一部法典

《烏爾納木法典》是迄今所知，世界上最早的一部成文法典。烏爾第三王朝（約公元前二一一三～前二〇〇六年）創始人烏爾納木（約公元前二一一三、前二〇九六年在位）建立了強大的中央集權制度，總攬全國大權。為統一兩河流域的法律，適應奴隸制的發展和奴隸主鎮壓奴隸反抗的需要，緩和自由民內部的矛盾，他下令用蘇美爾文寫成了一部適用於烏爾全境的法典，這便是《烏爾納木法典》。

這法典包括序言和正文 29 條（傳下來的只有 23 條）兩大部分，沒有結語，主要涉及政治、宗教和法律等方面。序言宣稱，是神授予烏爾納木統治權力，烏爾納木在人世間的行為是按照神意，確立「正義」和「社會秩序」，並列舉了他在保護貧弱、抑制豪強等方面所採取的措施。

現已發現的最早抄本大約是巴比倫時代的，但大部分已毀損，僅存幾條殘片。從破損較嚴重的法典殘片看，法典的主要內容是對奴隸制度、婚姻、家庭、繼承、刑罰等方面的規定。如：將逃亡奴隸捉回的奴隸主要給捕捉者適當的報酬；傷害他人的身體要處以酷刑並罰款；禁止行巫術；破壞他人耕地者要支付食物賠償；女奴對女主人不敬則予體罰。婦女在家庭中地位低下，如犯通姦罪則處死等等。這些條文充分表明了當時立法已採用罰金賠款等方式逐步取代同態復仇。

《烏爾納木法典》無論在內容上或形式上，都有創新之處，在西亞地區占有重要的地位，對後來兩河流域各國制定的法典影響頗大。

《俾拉拉馬法典》

公元前二〇〇〇年前後，烏爾第三王朝在埃蘭人和阿摩利人進攻下滅亡，兩河流域南部重新陷入分裂狀態。此時，在烏爾第三王朝故土北部興起了一個較為穩定的國家埃什嫩那。此國在國王俾拉拉馬統治時期，他在位期間編纂了著名的《俾拉拉馬法典》。

法典由序言和 61 條（完整流傳下來的為 59 條）正文組成，沒有結語。序言部分簡要說明了俾拉拉馬接受王權的時間、年號和王權的威嚴。正文部分首先規定了幾種主要物品的價格，繼而規定了牛、車、船等出租物的租金和使用，接著又對雇傭關係、家庭關係、財產關係、債務關係等進行了詳細的規定；同時以極大的篇幅規定了對侵犯奴隸主財產所有權和人身權利等犯罪行為進行嚴厲的懲罰。

從這些主要內容可以看出：在當時的埃什嫩那，商品經濟已有一定的發展，買賣、租賃、雇傭等契約關係大量存在；自由民內部各階層權利不平等；穆什欽努（指：屈服的順從者，依附貴族階層）的地位比普通自由民低下；婚姻關係的成立以女方父親與男方之間的契約為基礎，女方僅為契約之標的而非婚約當事人；家庭中家長擁有無限權力，可決定子女婚姻和財產權等諸問題；禁止以債務人家庭成員為債務奴隸，但債務人可以自己的奴隸為質；嚴格保護奴隸主的財產所有權，盜竊他人財產者處重刑，盜竊奴隸者應歸還同等的奴隸；自由民傷害自由民，應負賠償責任……從這個意義上說，法典中的條文折射出了當時的社會生活情況，法典是一部活生生的社會情景圖。

此法典是兩河流域法典中較為重要的一部。雖然其結構還未能達到序言——正文——結語的「三段式」完美形式，但它的內容之充實，絕非前此之法典所能比擬。

《李必特・伊絲達法典》

公元前二〇〇〇年左右，烏爾第三王朝滅亡，兩河流域南部重新陷入分裂狀態，在烏爾的故土興起了伊新、拉爾薩等王國，它們為維護統治秩序，加強國力，先後制定了成文法典。伊新在國王李必特・伊絲達統治時期，頒布了以他的名字命名的法典。

法典原文刻在石柱上，其刻於泥版的抄本有許多流傳下來。法典由序言、正文、結語三部分組成。序言詳細敘述了李必特王受命於危難之際，施惠於蘇美爾、阿卡德人民，為建立正義的秩序而制定法典的過程，竭力宣揚君權神授、王權的尊嚴。正文部分共 38 條（前 7 條有闕文），內容涉及租賃、買賣契約、奴隸地位、家庭、婚姻關係、盜竊、傷害罪等等，主要有如下特點：

第一，法典嚴格保護上層奴隸主的經濟利益。如承租他人土地者若未將土地完全種完，則所有收成皆歸出租人。

第二，嚴格保護奴隸主的財產所有權。凡盜竊他人財產、砍伐他人樹木、損壞他人財產等，皆負賠償責任；收留逃奴，亦以盜竊論，必須賠償同等的奴隸。

第三，嚴格維護男性在家庭中的地位。一夫可娶二妻，可以拋棄妻子，妻子則必須絕對服從丈夫。

第四，在繼承關係中，只有男子有權繼承財產，但得不到分割屬於家族、公社共有的財產。

法典在結束語部分詳細說明法典的威嚴，凡遵守法典者，將受神之寵愛與恩惠，凡加害於法典者，將受嚴厲懲罰。

此法典為現已發現的最早具備序言、正文、結語「三段式」結構的較完整的兩河流域法典，對後世立法產生了深刻的影響。其後的兩河流域諸法典大都具備這種結構。

《蘇美爾法典》

公元前二〇〇〇年前後，盛極一時的烏爾第三王朝在埃蘭人和阿摩利人的進攻下滅亡，烏爾城被夷為廢墟。此後，入侵的阿摩利人在兩河流域建立了伊新和拉爾薩兩個國家，兩河流域進入伊新—拉爾薩時期（約公元前二十～前十八世紀）。大約在公元前十九世紀，拉爾薩國王為維護奴隸主對奴隸的統治，發展奴隸制經濟，編纂了一部簡單的成文法典，後世稱之為《蘇美爾法典》。

從保存下來的楔形泥版中可以看出，全典共 9 條。主要內容包括：傷害他人者應負賠償責任；父母對子女擁有絕對權利，養子女不承認養父則喪失繼承權，並將被賣；傷害他人的牛，應以相同的牛賠償之……法典內容雖然簡單，但對後世兩河流域的法律——尤其是《漢謨拉比法典》——產生了重要的影響。

《蘇美爾親屬法》

約公元前二十世紀，拉爾薩王國為維護奴隸主階級的統治，編纂了被後人稱為「蘇美爾親屬法」的簡短成文法。

根據公元前七世紀亞述國王的抄本，此親屬法共七條。主要內容包括：父母不承認子女，則子女喪失一定財產；子女不承認父母，則子女或被賣為奴，或被逐出公社和家庭；妻子不承認丈夫，則應投入河中；丈夫不承認妻子，應賠償若干銀錢；自由民雇用奴隸而奴隸死亡、出逃、失蹤或患病等，則該自由民付給奴隸的主人一定的報酬。從這些內容可以看出典型的東方家長制特徵。

《漢謨拉比法典》

《漢謨拉比法典》是古巴比倫王國第六王漢謨拉比頒布的

一部著名的法典。法典原文用楔形文字刻在高二・二五米，底周長一・九米的黑色玄武岩石柱上。石柱上端雕刻了漢謨拉比從太陽神沙馬什手中接受王杖或法律的浮雕畫面。石碑原樹立在巴比倫城內馬都克神廟中。公元前二千年代末，埃蘭王入侵巴比倫，把它作為戰利品運往蘇薩。到了近代，法國考古學者在一九〇一～一九〇二年到埃蘭首都蘇薩考古發掘，使得埋葬了幾千年之久的這塊重要的法典碑文重見天日。

・漢謨拉比法典

石碑原文保存良好，僅有三十五條被磨損。後來在蘇薩、亞述等地發現了法典的泥版抄本片段，從而使石碑磨損的部分幾乎全部得以補齊復原。

《漢謨拉比法典》碑文分成序言、法典條文、結語三大部分。在序言和結語部分中，漢謨拉比吹捧自己為「公正之王」，宣揚「發揚正義」、「使強不凌弱」、「為人民造福」等虛假動聽之詞。但是，只要對照一下法典的條文，便不難看出作為代表統治階級的意志之法律的本質面貌。

法典條文共二八二條，其中包括訴訟程序、盜竊、不動產的占有與土地租賃、高利貸與債務奴役、婚姻與家庭、傷害罪與賠償、各種職業報酬、租賃與雇工，以及關於奴隸的種種規定。

《漢謨拉比法典》竭力維護私有制，保護奴隸主階級、富商高利貸者、大土地占有者的根本利益。法典的第六、二十五條專門涉及盜竊財產和奴隸等問題。盜竊財產或竊賊（第六、七等條），帶走奴隸或隱藏逃奴（第十五～十九條）者均處以死刑。法典規定，出租耕地，租金為二分之一～三分之一（第四十六條），果園的租金高達收入的三分之二（第六十四條），高利貸貸穀的利息高達三分之一（第八十九條）。債務人如無穀還債，必須把他的其他所有動產交出抵押（第九十六條）。由此可見，法典對於廣大人民，特別是對奴隸，根本談不上什麼「福祉」與「仁政」。

法典雖然代表了統治階級的意志，但同時也注意到社會的實際，力圖調整人與人之間的關係。因此，《漢謨拉比法典》能夠比較全面地在某種程度上反映出古巴比倫社會的實際面目，特別是對我們了解古巴比倫奴隸制的社會關係提供了頭等的重要史料。

從《漢謨拉比法典》內文中，可以明顯看出三個不同的等級：阿維魯、穆什根努和瓦爾杜姆。

「阿維魯」，直譯為「人」或「丈夫」。他們是全權自由民，其中包括奴隸主貴族、大土地占有者、僧侶和一般公社成員。從法典的一些條文可以看出，阿維魯是奴隸所有者、土地占有者、水利灌溉的使用者，他們具有人身不可侵犯權、私有財產被保護權。但是，有些阿維魯是自耕農，還有一些是失去或部分失去土地而不得不耕種他人土地的佃農。雇傭勞動者或者從事農耕，或者趕牛。手工業者也屬於阿維魯之內，其中有理髮師、建築師、船工等。還有其他各種雇工；並且，法典明確規定了每種雇工的報酬標準（第二七四條）。

「穆什根努」一詞直譯為「順從者」（與俾拉，馬法典中的『穆什欽努』雷同）。對於穆什根努的起源與階級地位問題，研究者之間有些不同的看法。有人認為，他們是被征服的異邦人；也有人認為，他們是破產而脫離公社的人，或者說是解放奴隸、農奴等。但是，從《漢謨拉比法典》（第八、十五、十六、一七五、一七六條）和更早些時候的《俾拉拉瑪法典》（第三十四、五十條）來看，顯而易見，他們與宮廷密切相關，至少可以說是依附於王家的非全權自由民，其中也包括富有的王室經濟代理人——塔木卡和由王室領取服役份地的常備兵（里都和巴依魯），以及取得田園房屋而向國家繳納貢稅的「納貢人」和擔負其他義務者。

阿維魯與穆什根努同屬於自由民階級，但在法律上處於不同的地位。《漢謨拉比法典》第一九六條規定：「假如自由民損毀任何自由民之子之眼，則應毀其眼。」第一九八條規定：「假如他損毀穆什根努之眼或折斷穆什根努之骨，應賠銀一名那。」醫生為阿維魯、穆什根努治病，在同樣條件下，阿維魯付出的銀子高於穆什根努。這就說明了阿維魯的身價高於穆什根努。

但是，社會地位最低的是瓦爾杜姆，即奴隸。奴隸除了戰俘之外，也有從敵國購買來的（第二八〇條），還有不少是債務奴隸。由於債務奴役的嚴重性，以致法典不得不做出規定：「假如自由民因負有債務，將其妻、其子或其女出賣，或交出以為債奴，則他們在其買者或債權者之家服役應為三年；至第四年應恢復其自由。」

奴隸在法律上沒有人格，被看成是主人的財產，因此，法典常常把奴隸與金、銀、牛、羊等相提並論（第七條），並將他們隨意買賣或轉讓（第一一八、一一九、二七八、二八〇條）。奴隸的價格在阿卡德王朝時期，平均十～十五舍克勒銀子，漢謨拉比時代，平均二十舍克勒銀子。《漢謨拉比法典》規定，如果傷害奴隸致死，只要賠償二十舍克勒銀子作為代價（第一一六、二一四、二五二條），一名奴隸只抵一頭牛的價錢（參看第二四一條）。但是，在實際買賣過程中，奴價有的高達九十舍克勒（男奴），低者僅有三、四舍克勒（女奴）。

為了保證奴主對奴隸的所有權，奴隸買賣要有正式的契約。奴隸有特殊的標記，不允許任何人加以改變。如有違反，或處死、或斷指（第二二六、二二七條）。

上面僅僅是法典上反映出來的三個社會等級不同的社會地位。在階級社會，等級關係也具有不同的階級性。古巴比倫王國是奴隸制社會，社會中的兩大對抗階級是自由民與奴隸。阿維魯與穆什根努都屬於自由民階級，因而與瓦爾杜姆，即奴隸，處於統治與被統治的關係之中。但是，阿維魯、穆什根努之中，從階級關係上看，也有富有的貴族和貧賤的平民之分。因此，在古巴比倫時代，同樣存在著奴隸主與奴隸、貴族與平民之間的矛盾與對抗。

《中期亞述法典》

亞述為兩河流域北部的國家。公元前十五世紀前後，亞述在被古巴比倫王國征服兩個世紀以後再度興起，史稱「中期亞述」（公元前十五～前十一世紀）。中期亞述的奴隸制經濟發展很快，並制定了成文法典。

流傳下來的《中期亞述法典》寫在三塊泥版上，除了第三塊泥版得以較為完整地保留下來，另兩塊泥版都只是一些片段。泥版中沒有序言和結語。有些學者據此認為，它不是完整的法典，而是對《漢謨拉比法典》的補充。但多數學者認為，它是完全獨立的法典。

從流傳下來的條文看，第一塊泥版主要是關於土地關係的規定，如土地買賣、租賃、侵犯他人土地應受的懲罰、土地的繼承、水源的共同使用等等。第二塊泥版主要是關於債務和債務奴役的規定，債務人可以把財產或其家人的人身作為抵押。以人身作抵押時，一定期限後，債務人可將其家人買回；但若付不出其家人的身價，則該家人即為債權人的債奴。第三塊泥版主要是對婦女地位的規定。婦女在家庭中地位低下，對家庭財產沒有任何權利；如果妻子將家庭財產送人，則以盜竊論；丈夫可以隨便遺棄妻子，並可自行決定是否給予被棄之妻子贍養費；婦女傷害男人肢體，應受嚴厲的體刑，而丈夫可隨意傷害妻子。

此法典是中期亞述政治、經濟生活的真實寫照，研究亞述學的重要原始材料。

亞述法典

亞述位於幼發拉底河和底格里斯河沖積成的美索不達米亞平原，即今伊拉克境內。公元前三〇〇〇～前六〇五年，這裡處於亞述奴隸制王國統治之下。在亞述的遺跡中，人們發現了幾部法律與法律資料集。在卡帕多西亞發現的古亞述法典約成於公元前二二〇〇～前一〇〇〇年間，其內容涉及一個處理商業糾紛的法庭。約公元前一四〇〇年左右刻在石碑上的法典被稱為中期亞述法典。

亞述法典涉及土地制度、債務和債務奴隸、犯罪、權利、家庭婚姻關係、體罰的控制等諸多內容，雖然極不完善並已殘缺，但仍為我們提供了一些有關司法程序與處罰等方面的情況。法典嚴格保護奴隸主階級的土地財產私有權、債權人的利益，確認家長制統治和婦女的奴隸地位。具體刑罰有割乳頭、挖眼睛、撕裂、切割、用木樁刺穿身體、用滾燙的瀝青澆頭等酷刑。還規定了血親復仇、神明裁判等。

Chapter 4
科學技術篇

世界上現存最早的數學課本——《蘇魯帕克數學泥版》

談到古代數學，多數學者自然會立即想到我國的《周髀》和《九章》。一般認為，此二書約成於西漢初，距今約二一〇〇年。當然，我國是個文明古國，早在秦漢以前，數學即很發達。但因地理、氣候的關係，有關文獻（竹木簡）惜早已腐壞，永遠不可復得。部分讀者還可能知道埃及的兩本數學紙草——《萊因紙草》和《莫斯科數學紙草》。有關這兩部紙草的年代，說法較多，但都不早於公元前一九〇〇年，但比我國的《周髀》、《九章》還要早一千好幾百年。

可能有許多讀者並不知道還有比這兩本數學紙草更早的數學課本——那就是《蘇魯帕克數學泥版》。

本世紀初以來，隨著兩河流域現代考古發掘的全面展開和人類最早的文字蘇美爾楔形文字的釋讀，學術界始知，古代兩河流域在塞姆人和巴比倫·亞述文化之前還存在蘇美爾人和人類最早的文明蘇美爾文明。

一九〇二～一九〇三年科爾德維（R. Koldewey）領導的德國考古隊、一九三〇年施密特（E. Schmidt）領導的美國賓州大學考古隊先後在古代蘇美爾的蘇魯帕克（今法拉）遺址進行了大規模的發掘。在出土的大量珍貴的公元前三千紀的泥版中，發現許多當時學生用的數學課本，年代約為公元前二五〇〇年。蘇魯帕克數學泥版已由著名的德國蘇美爾學家戴美爾（A. Deimel）整理出版。它比埃及的兩部數學紙草至少早了六百年，是迄今所知，世界上現存最早的數學著作。它使我們對古代蘇美爾的數學有了更多的了解。

考古發掘表明，早在公元前三〇〇〇年，蘇美爾就已經有了最初的文字；到了公元前三千紀中城邦爭霸時期，蘇美爾文明已達到了相當高的程度。和農業生產相關的天文現象的預告、曆法和宗教節日的制定、水渠的挖鑿和拓寬、農田的丈量、穀堆和糧倉的計算、神廟與城牆等的建築、神廟及城邦財物收入的登記及發放、稅務的計算和國內外貿易的結算等等，所有這一切生產、以及各種的經濟活動都大大促進了古蘇美爾數學的發展。

古蘇美爾數學的發展還和其學校教育的發達直接相關。早在公元前三千紀初，隨著文字的產生、社會經濟政治活動的需要和文化科學知識的日趨複雜，蘇美爾即有了最早的學校。古蘇美爾人稱學校為「埃杜巴」，意譯為「泥版書舍」。數學是當時蘇美爾學校的必修課之一。

在一篇反映蘇美爾學校教育情況，題為《恩基曼西和吉爾尼沙格之間的爭論》的泥版文獻中，有這樣一段話：「你做乘法，錯誤百出……求面積，長寬不分。正方形、三角形、圓形和扇形，你全然不懂，好像……你這個刻薄的嘮叨鬼、欺侮弱小的無賴，你還說你是學生中的『佼佼者』?!」

看來，古蘇美爾和現在一樣，學校很重視數學，學生數學學習不好，就會被人瞧不起。蘇魯帕克出土的數學泥版，上載各種數學表和練習題，就是當時蘇美爾學生用的數學課本。在蘇魯帕克出土的數學泥版中，有很大的一部分是乘法表和倒數表。埃杜巴教師就是用這些表教學生演算乘法和除法的。顯然，它比埃及的基於「倍乘」和「二等分」的演算方法簡便容易得多。埃及人把所有的分數都化為單分子分數，計算方法非常複雜；蘇美爾人則採用 60 進分數，也比埃及人的簡便。蘇美爾的 60 進分數後為巴比倫所承襲，並經希臘人傳入西方，直到十六世紀後，才為更方便的十進分數所取代，但度量角度和時間的 60 進分數仍保留到現在。

古蘇美爾數學不僅在 60 進位值制記數法、自然數的四則運算和分數運算等方面遠遠走在古代世界各國的前列，並越出了簡單的算術階段。根據蘇魯帕克數學泥版，我們知道，蘇美爾學生除了掌握簡單的算術運算外，並知道求平方、平方根和立方、立方根，還會解一次、二次方程式和計算正方形、長方形、三角形、圓形及扇形等各種形狀與物體的面積、體積、容量、重量等。

古蘇美爾數學後來全部為巴比倫所承襲。蘇美爾·巴比倫數學雖還沒有形成嚴整的體系，卻深深地影響了埃及的數學，並為希臘數學（含希臘化時期）的飛躍——抽象理論數學的出現，提供了大量具體的素材。

世界近代、現代數學的前身歐洲文藝復興時期的數學，我們知道，都師從拜占庭和阿拉伯數學，而阿拉伯數學則又是在融合了希臘數學和印度數學的基礎上發展起來的。所以，如果說現代數學浩瀚如海，那麼其源頭就是古代的蘇美爾數學。我們深信，隨著兩河流域考古發掘的進展和蘇美爾數學泥版的進一步出土，古蘇美爾數學將日益恢復其在世界數學史上應有的歷史地位。

記數符號

數字是表意符號，它們用來簡捷地表示數，並用於數學計算。「數字」這個詞來自阿拉伯語 Sifr——「空虛」之意，最初表示零。

記載數學的方法在巴比倫可謂淵源流長。據推測，這種方法起源於蘇美爾人。蘇美爾人最初用蘆管在黏土版上劃出痕跡記數。最原始的計算法是用一隻手的手指——從 1～5——計算。從蘇美爾人對於前五個數的名稱之使用便可以看出這一點。6、7、8 和 9 諸數的名稱是把相應的附加數加到上面而成的（1 加 5 等於 6；2 加 5 等於 7；3 加 5 等於 8；4 加 5 等於 9）。

1　2　3　或 4　5　6　或 7

或 8　9　10　11　12　20　30　40　50

60　70　80　120　130

阿卡德人對此加以繼承並發揚光大。他們的記數符號如上圖所示

巴比倫首先推行一種原則，即同一基數按其在整個數目中的位置而具有不同量（即所謂的「位置原則」）。這個道理，古代的埃及、希臘和羅馬是不知道的。兩河流域人把代表低數量級的符號放大，以代表較高的數量級。

例如，用較小的<代表十，而用較大的這種符號代表百。「位置原則」的使用是數學史上的重大成就。根據這個原則，數字符號的數值不僅取決於符號的形式，而且取決於它們彼此間的位置（例如，羅馬數字 IV 和 VI，阿拉伯數字 72 和 27）。位置原則的發展決定了「零」這個符號的出現，因為它表示數的缺位。十進位原則有時還輔以五進位、二十進位原則。五進位制原則來自一隻手的五個手指頭，二十進位原則來自兩手手指和兩腳腳趾的全部數量。

六十進位法是巴比倫數學的基礎。巴比倫人和波斯人一樣，偏愛六十和它的倍數。人類已知的最古老的史詩《吉爾伽美什》是由十二塊泥版組成。薛西斯（Xerxes）把 Hellepone 痛鞭三百下[1]；大流士則因他的一匹馬淹死在河裡，下令把金德斯（Gyndes）河挖成三百六十道壕溝；巴比倫人把他們的每一個神各配以一個六十以下的數，這個數表明這位神靈在靈霄殿裡的品位。如果說數字 10 為十進位法的基礎，那麼，數字

❶ 這件事頗像《史記》上所載之秦始皇的故事。秦始皇「逢大風，幾不得渡」，遂「大怒，使刑徒三千人皆伐湘山樹，赭其山。」這位波斯王薛西斯入侵希臘，要在達達尼爾海峽（Hellespont 是其古稱）架橋，以渡大軍。橋剛架好，立刻被風濤摧毀。這位大王大怒，下令將海痛鞭一頓，還派烙印師給海加上烙印，把一副腳鐐投入海裡。

60 則為六十進位法的基礎。時間量度創自巴比倫人：1 小時分成 60 分鐘，1 分鐘又分成 60 秒。但是，巴比倫人也有十進位法，如有時他們把年數寫成 2me25，這裡的 me 代表百，用我們的記號就是 225。並且，他們常常同時使用兩種進位法。這種方法的特殊配合具體表現在一年分成 360 天及圓周分為 360 度上面。有趣的是他們用「0」表示度，「0」也就是太陽的象形表現方式。把一年分成 360 天，這給巴比倫人把圓周也分成 360 等分提供了一個理由。他們命名這些部分為「步」，並認為在自己看得見的情況下，太陽圍繞地球一晝夜旋轉一步。把圓周分成 360 等分這個方法一直保持到現在，之後，我們把每一等分稱作「度」。這個度就是從拉丁語 degradare（步）譯來的。後來的英文 degree、法文 degré、德文 Grad 都源於此。要注意的是，這裡「0」並不代表數字中「零」的概念。巴比倫人沒有零的符號，他們用留空穴的辦法來表示數字中間沒有數。

人們對六十進位制的起源做過許多推測。有人認為，兩河流域的那些民族使用兩種重量單位——蘇美爾的「米那」和阿卡德的「塞克爾」，一個「米那」等於 60 個「塞克爾」；稍後一些又產生了第三個重量單位：「塔蘭」，一個「塔蘭」等於 60 個「米那」。這三種重量單位中，每種高一級的等於 60 個低一級的，因此，它們的存在使得蘇美爾——阿卡德計數和數字系統就建立在十進位原則和六十進位原則相結合的基礎上。例如，代替「8021」，說成：「二個塔蘭（3600×2），十三個米那（60×13）和四十一個塞克爾（41）。」相應地，也就構成了這個數的寫法。綜觀巴比倫人所用過的進位制，事實上並非僅限於六十進位制和十進位制。他們也用 60、24、12、10、6、2 混合進位制表示日期、面積、重量、錢幣。也有人認為，上古時期，大麥似乎充當過商品交換的等價物。到了公元前三〇〇〇年，又採用了金、銀，黃金的價值為同重之白銀的 6～12 倍。為了計算方便，人們便採用了十二進位制。另外，受手指的啟發，還採用十進位制。世界上幾乎所有的數字系統都是按十進位原則構成的（瑪雅人和阿茲特克人的五進位～二十進位原則的系統恐怕是唯一的例外），這是因為人類最古老的計算工具是雙手的十個手指。如果有某種社會或政治的力量要求把這兩種制度結合起來，很自然就會出現六十進位制。其他進位制如二十四、六、二，可能都是由十二進位制派生出來的。

另外，對六十進位制的產生還有一種幾何學的解釋。某些學者認為，巴比倫人把圓周三六〇等分的作法導致了六十進位制的建立。持這種觀點的人以下列發現為依據：巴比倫人非常熟悉圓周的六分法。例如，他們的車輪都有六個餘幅。如果計算一下這種分法，可以發現，每一分恰好是 60 度，這也許就提供了六十進位制的基礎。但對此，也有學者持否定態度。儘管各種解釋眾說紛紜，但有一點可以肯定：60 能被 2、3、4、5、6、10、12、15、20、30 和 60 整除，對計算是方便的。這種多重進位制對後來西方度量衡制的影響很大，一直到今天為，日、時、分、秒，英尺、英寸，加侖，蒲式耳等採用的就是這些進位制。

六十進位制和位值制是巴比倫人對文明史的兩大貢獻，這兩個發明以一種可以為許多人了解的方法代替了一種複雜的符號制。特別是位值制的發明，其意義可與字母的發明等量齊觀。

算術知識

巴比倫數學具有強烈的算術—代數性質，這種性質與巴比倫人對於天文學和曆法的研究密切相關。兩河流域的民族是兼營遊牧和農業的民族，為了定季節，首先絕對需要的是天文學。天文學只有借助於數學才能發展，因此，就積累了大量的數學知識。對算術和代數的另一個重要影響來自經濟活動。由於巴比倫在古代貿易中的特殊地位，使得算術和代數在許多方面發揮了顯著的作用。人們需要利用這些知識計算、兌換貨幣，計算利率和稅額等。隨著商品交換的擴大，甚至還出現了現代銀行的雛形，在辦理各種金融手續的過程中，必然產生大量的算術和代數問題。

生產、交換，尤其是天文學，推動了計算技術的日益完善。

在巴比倫記數制中，代表 1 和 10 的記號是基本記號。從 1～59，這些數都是幾個或更多一些基本記號結合而成的。因此，這種加減法就不過是加上或去掉這種記號罷了。

關於加法，沒有專門記號。巴比倫人把數字結合在一起，用來表示加法，其原則是把較大的數放在左邊，較小的數放在右邊。如表示 16。

減法用記號表示。如表示 40-3。

巴比倫人也做整數乘法。其記號是，讀作 a-rá 意思是「去」。比方說，某數×30＋某數×7。從中可以看出乘法分配律的萌芽。為了便於計算，他們編製了從 1×1 到 60×60 的乘法表。

巴比倫人也做整數除以整數的除法。這種運算採取與倒數相乘的辦法進行，即乘以一個整數 a 就是除以該數的倒數$\frac{1}{a}$。

這就牽涉到分數的運算。但分母總是常數 60。這種表示是方便的，因為 60 有許多因子能與分子相約。

除了進行算術的四則運算以外，巴比倫人還廣泛借助於數表，進行平方、開平方，立方、開立方的運算。在一部包括四十四塊泥版的數學文書裡，可看到各種巧妙的計算方法，其內容幾乎包括了巴比倫人在數學方面的一切成就。這好像一部數學百科全書。例如，有一張形為 n^3+n^2 的數表，其用途看起來是為了解 $x^3+x^2=a$ 這類三次方程式，

$\sqrt{2}$力被表示為$1\frac{5}{12}\approx1.4167$，$\frac{1}{\sqrt{2}}$被表示為 $\frac{17}{24}\approx0.7083$——已經達到了很多的近似程度。但是，還沒有根據可以證明他們認識了無理數。

代數知識

最早的代數語言是巴比倫人在使用蘇美爾人的舊教材過程中產生的，而且，他們的代數方程式是用語文敘述，並用語文解出的。例如：「長」、「寬」、「面積」代表未知數和它們的乘積等。這大概是因為許多代數問題都與幾何有關。

早期巴比倫代數的一個基本問題是：求一個數，使它和它的倒數之和等於一個給定的數。用現代記號表示就是——

$$x+\frac{1}{x}=a \quad \text{即} \quad x^2-ax+1=0$$

有些別的問題，如給定兩數之和與兩數之積而求出這些數，也可化為上述問題。由於巴比倫人不知道負數，故二次方程式的負根是略而不提的。

在求複利問題時，巴比倫人甚至還解出了指數方程式。

例如，法國巴黎羅浮宮博物館有一塊大約公元前一七〇〇年的泥版，上面有這樣一個問題：有一筆錢，利率為每年20%。問何時能使本利和是本金的 2 倍。這實際上是求解方程式——$(102)^{x}=2$。

還有這樣一個問題：「我把長乘寬，得面積 10，我把長大於寬的量自乘，再把這個結果乘以 9。這個面積等於長自乘所得的面積。請問長和寬是多長？」用傳統的記號寫出來，得如下的方程組：

$xy=10$

$9(x-y)^{2}=x^{2}$

特別有趣的是，在一塊泥版上，巴比倫人還列舉出具有有理邊的一些直角三角形；也就是指出了後來所稱的畢達哥拉斯三元組數悶 $x^{2}+y^{2}=z^{2}$。

近幾十年來，諾依格包爾（Otto Neugebauer）等人詮釋了很多楔形文字的泥版，大大豐富了關於巴比倫的知識，對巴比倫數學給出比過去更高的評價。他們發現漢謨拉比時代的泥版有二次方程的問題，並看出算術到代數的過渡。

例如：「兩個正方形面積之和是 1000，其中一個邊長是另一個邊長的 2／3 少 10，請問各長是多少？」這相當於解聯立方程：

$x^{2}+y^{2}=1000$

$y=2/3x-10$

答案是 $\times=30$，$y=0$

諾依格包爾甚至認為，巴比倫人已掌握三次或四次方程式的解法。

所以，當時巴比倫人已經有了級數的概念。級數往往與分配問題有關。

例如，兄弟 10 人分 $\frac{12}{3}$ 米那（古巴比倫人的計量單位）的銀子，要求每個人所得的數量構成級數。其中已知第 8 個人的銀子是 6 塞克爾（1 米那＝60 塞克爾）。

讀者，你能解答這個題目嗎？

幾何知識

幾何在巴比倫是無足輕重的，也沒有形成一門獨立的學科。因為，關於劃分土地或計算某項工程所需磚數之類的問題很容易化為代數問題，關於面積和體積的一些算術是按固定法則或公式給出的。但是，巴比倫人的幾何知識還是各種各樣、豐富多采。雖然他們既沒有公理、定理，也沒有證明，然而，在他們的記載中，卻可以找到足夠的題目，其解法表明他們有把相當複雜的圖形拆開的本領。

考古發掘出來的一塊公元前二二〇〇年左右的泥版上載有一幅被分成十五部分的大片土地的平面圖，其中有七個直角三角形、四個直角梯形，還有四個圖形與矩形非常接近。並且，它們的面積都分別被準確地計算出來（至於是怎樣計算出來的，迄今為止，還是個謎）。這說明，巴比倫至少已經具有求簡單幾何圖形之面積的經驗公式。無論如何他們已經摸索出用比例線段求三角形和梯形面積、稜柱和圓柱體積的辦法。

公元前二〇〇〇年左右，巴比倫人就算出了邊長為四十和十的矩形，其對角線長為四 41.15（近似值應當是 41.231）。這可以說明，他們已知道了與後來所稱的畢達哥拉斯定理有關的知識。

在計算圓的周長和面積時，巴比倫人一般取 π 值為 3。例如，求圓面積時，他們利用的關係式是 $S=C^2/12$（C 是周長），即 $S=3R^2$。不過，在給出正六邊形及其外接圓周長之比時，實際上也把 π 值取為 $3\frac{1}{8}$。他們也能計算截圓錐體和截稜錐體的體積。但其採用的方法是用上下底面積和的一半乘以高，這在一般情況下是不準確的。

巴比倫人雖然具有多種幾何知識，還能巧妙地把複雜的幾何圖形拆成簡單的圖形求解，但是，他們的幾何通常僅僅表達一個代數問題的方法，圖形也很粗糙，還沒有看到公理、定理和證明的跡象。

天文觀察還導致巴比倫人產生了有關三角學的一些基礎概念。當巴比倫人觀察天空中運行的星體和它們在天空中的位移情況時，他們把天空看作半球面。因此，必需的測量不是在平面上，而是在球面上進行的。由於這個原因，巴比倫人較早考察的是球面三角形的概念，而不是平面三角的概念。

當然，不能否認，當各種科學領域的基本概念在巴比倫產生時，偽科學也在巴比倫獲得了發展。這些偽科學跟數學有密切的關係，從而損害了數學的發展。如巴比倫人給某些數以「神祕」的意義：當他們崇拜三個天體（太陽、月亮和星星）時，數 3 被看作是「幸福的」；更晚一些時候，當他們崇拜七個天體時，數 7 就被看作是「幸福的」。

總之，兩河流域在數學方面做出了驚人的貢獻。他們做出乘法、除法表，包括立方以至立方根；計算出直角三角形及矩形的面積；把圓分為三六〇度；對於經過若干世紀後才被發現的畢達哥拉斯定理已有所了解；還列舉出了二次方程式。但對於數學有重大貢獻的巴比倫人，很少在理論上有所進展。他們並未從運算中總結出普遍定律或為演算提供論證。

古巴比倫人的宇宙觀

古巴比倫人繼承和發揚了蘇美爾人、阿卡德人有關創造世界的神話傳說。他們把想像中的一個叫馬都克（Marduk）的神當作諸神之王，把太陽、月亮和金、木、水、火、土五類行星都當作神。傳說很久以前，還沒有天和地的時候，只有海，這海是一個叫提阿馬特（Tiamat）的妖怪之化身。妖怪總是想方設法迫害眾天神。有一天，諸神之王馬都克終於殺死了妖怪提阿馬特。馬都克注視著這具可怕的屍體，心中想著如何創造一件藝術作品。他將提阿馬特的軀體砍開，「像殺魚一樣將其剖成兩半」，用一半軀體做成蒼穹，另一半造成大地。大功告成，他又組建世界。他在空中為諸神建造居所，又安置代表這些神之形象的星辰；他還確定一年的長短，並調整天體運行的軌跡。接著，「為使眾神生活在一個歡樂的世界」，馬都克又創造了人類。

《創世史詩》中描述，由於諸神要求馬都克創造人類為諸神服役，於是，馬都克殺死了他的敵人——土提阿馬特為與馬都克戰鬥而造的巨大怪物——基恩古神，把基恩古神的血液摻和著黏土，控出了人類。在埃利都城發現的新巴比倫典籍敘述，女神阿如孺（Aruru）幫助馬都克創世，她「與他一起產生了人類的種子。」最後，出現了河流、植物及野生和家養的動物。

巴比倫人把這個神話故事，以史詩的形式記載在七塊泥版上，精彩地描述了馬都克和提阿馬特的戰鬥經過。泥版文書《創世史詩》是這樣描述的——

他們奔赴戰場，迎面交鋒。
馬都克展開大網，擒拿提阿馬特。

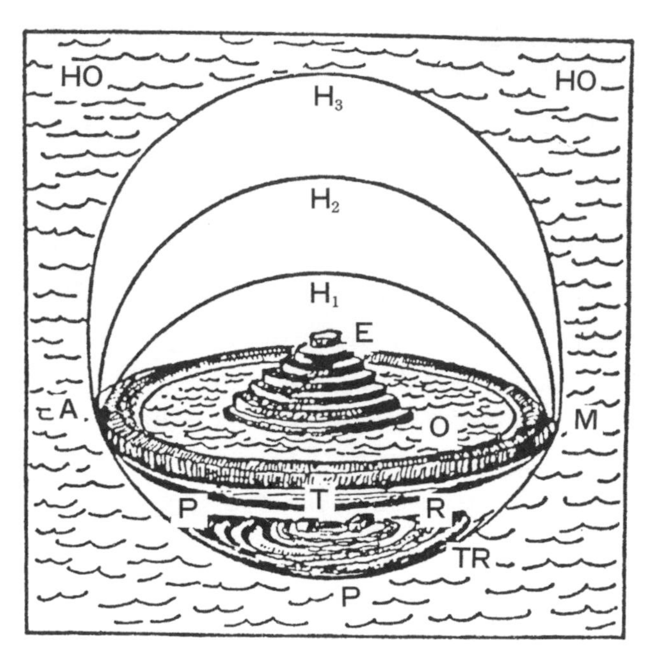

・古巴比倫的宇宙觀（復原圖）

・E：地；

・H1、H2、H3：第一層天、第二層天、第三層天

・HO：天海；

・0：地海；

・T：地海的底；

・M：朝（東）日升山；

・TR：陰界王國的七層城牆和宮殿（P）。

他將身後的惡風對準提阿馬特放出，
提阿馬特張開大嘴，欲將他吞下。
馬都克鼓起惡風，使提阿馬特無法閉嘴，
可怕的惡風灌滿他的肚子。他心弦繃緊，張開大口，
馬都克射出利箭，刺穿他的肚皮。
他劈開提阿馬特的內臟，撕裂他的肚皮，
使他失去力量，並摧毀他的生命。
他砍倒提阿馬特，站在他的軀體上。

這裡有一點要注意的是：這些神話傳說在我們現代人看來，只是一些為探索自然之謎而得出的虛幻想法。但在那些古人眼中，都是真實可靠的。

巴比倫人同古代的許多沿海居民一樣，都把宇宙看成是由大地、天空和海洋三部分組成。他們認為，大地是屹立在海洋中間的圓形高原，高原環以山巒；海洋有「天上的海洋」和「地上的海洋」，它們分別從上面和下面包圍著世界；天上的海洋和地上的海洋之間是天空，它的形狀像一個扣在大地上的碗。最初，僧侶們把天分為三重，後來又分為七重。天是由堅硬的寶石做成的，上面有窗戶，雨就是從天窗上落到地面的。星星是放牧在天上海洋裡伸出的天堤上的綿羊。太陽和月亮是神做成的天燈；惡魔怪物遮蓋了天燈，就成為日食和月食。在天的東方和西方的盡頭各有一座山，山上有山門。早上太陽從東門出來，在空中運行；到了晚上，由西門進入天庭，由月亮出來照明大地。

儘管巴比倫人的宇宙觀具有濃厚的神話色彩，可是，他們在生產和生活的實踐中，很早就開始注意觀察天體的運動。他們能區分五大行星和恆星，判斷行星和月球的軌道，確定出太陽在恆星間運行的黃道，並且把肉眼看到的星體繪成星圖。

・馬都克與提阿馬特的戰鬥

在保存下來的楔形泥版中，有行星、恆星、彗星、流星、日食和月食的觀測記錄。

根據觀測月亮的圓缺變化，他們創造了太陽曆，把一年分成十二個月，其中六個月，每個月規定為三十天，另外六個月，每個月規定為廿九天，全年分為三五四天。這同地球繞太陽運行一周的時間僅差十一天，因而又用閏月補足所差的日數。還把七天當作「一周」，分別用日、月、火、水、木、金、土七顆行星的名稱表示。從此就有了以星星的名字表示一周日期的所謂「星期」。這就是現在世界上通用的以七天為一星期的所謂「周」的來源。

星期的來歷

星期，也許是人為的時間單位中最早的一種。英語中的

「星期」一詞似乎來源於古代高地德語，意為「變化」或「轉向」。「星期」一詞並非西方首創，也並非在任何地方都指七天。世界各地的人對星期的計算至少有十五種不同的方法，從五天到十天不等。如埃及人、中國人和希臘人，最早是以旬為單位的。

一星期七天的制度是由巴比倫人創造的。

從兩河流域的考古發掘中，我們可以初步了解到這裡是世界上最早出現農業文化的地區之一。人們很早就發現河水泛濫的出現和季節的變化都同天象有關。因此，早在遠古時代，人們就在寺塔頂上觀察天象。蘇美爾人為了勞動和生活的安排，以一晝夜為一日，日的起點是從日落時開始算起。這是一個最基本的計時單位。

到了古巴比倫時期，人們已能將肉眼看到的星體繪成星象圖，也能將恆星和五大行星區別開來。公元前三千年代末，人們還只知道三個天體，即日、月和金星，並把他們看成沙瑪什、辛和伊什塔爾三位大神。還有四個行星，到漢謨拉比時已經提出，但對水星、土星、火星還有許多不同的稱法，木星有時被稱為「白星」。他們很有趣地把行星看成賦有不同特徵的生物：火星凶惡，喜歡發怒；水星不安分，愛跑愛跳；土星則穩重而莊嚴……這些都是他們對於行星運動狀態的描繪。

行星符號	月亮 Moon ☾	火星 Mars ♂	水星 Mecrury ☿	木星 Jupiter ♃	金星 Venus ♀	土星 Saturn ♄	太陽 Sun ☉
星期	星期一 Monday	星期二 Tuesday	星期三 Wednesday	星期四 Thursday	星期五 Friday	星期六 Saturday	星期日 Sunday

· **星期和星曜**

到了公元前六五〇年，有的文獻證實，和天神聯繫起來的七星系已經形成。每天用一個星神命名，定七天為一星期的制度，大概就是從這時候開始的。各個星神的值勤日為：星期日太陽神沙瑪什、星期一月神辛、星期二火星神涅爾伽爾、星期三水星神那布、星期四木星神馬都克、星期五金星神伊什塔爾、星期六土星神尼努爾達。這也就是今天我們使用星期和一星期各天的來源。

為什麼一星期有七天？

在巴比倫，數字七是不吉利的數字，這種迷信使人們在每月 7、14、21 和 28 日這幾天什麼事都不能幹。儘管如此，這種迷信的習俗在美索不達米亞帶有貴族特徵，與平民毫無關係。達官顯貴有第七天休息的習慣。從這個習慣中，人們可以找到星期的起源。「安息日」這個名稱出自巴比倫語 Sabattu，把第七天定為休息日是從猶太人被巴比倫人囚禁的那些年代留存下來的。

國王們的星占學

古代的種種星占學說及星占活動，極而言之，就是一種通天巫術。這種旨在溝通上天與人世的巫術，對於古代專制王權的確立及延續十分重要。

對此，張光直教授（台灣中央研究院副院長）曾有過很好的論述——

> 通天的巫術成為統治者的專利，也說是統治者施行統治的工具。「天」是智識的源泉，因此通天的人是先知先

覺的，擁有統治人間的智慧和權利……統治階級也可以叫作通天階級，包括有通天本事的巫覡，亦即擁有通天手段的王帝。事實上，王本身即常是巫。

那麼，帝王們依靠怎樣的機制，成為先知先覺者呢？上天的知識又怎樣體現？對此，有學者曾就古代中國的情形做過研究——

答案既簡單又明顯——靠「天學」。各種星占著作中的大量占辭說是上天所傳示的知識，其中有著關於戰爭勝負、王位安危、年成豐歉、水澇災害……幾乎一切古代軍國大事的預言。征伐以及與此有關的各種數術，歸根結柢，也有著同樣的性質和功能。掌握著星占曆法等奧祕的巫覡——重、黎、義和、巫咸以及作為他們後任的古代天文學家——就是先知先覺者，他們服務於某帝王，就使該帝王獲得了統治的資格和權利。

這雖是就古代中國的情形而言，但這種情況在古代「東方式」專制王權中普遍存在——巴比倫也不例外。

巴比倫「軍國星占學」最有代表性的文獻，可以舉前面我們已經提到過的《徵兆結集》為例。一項所謂「徵兆」（omen），由觀察到的天象及該天象的星占學意義組成。舉一個較早期的徵兆實例如下——

若金星在二月（Airu 月）出現於東方，大、小雙子星環燒著她，且此四星連同金星皆晦暗，則埃蘭（Elam）王將患病而亡。

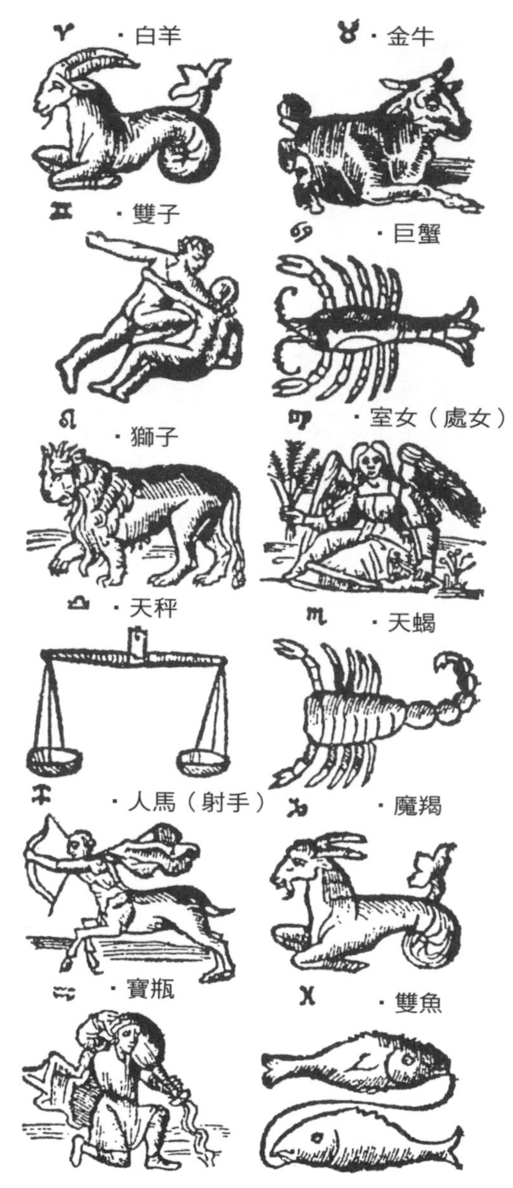

・古代道士十二星座神象

《徵兆結集》由七十餘塊泥版組成，包括七千餘項徵兆。它很可能寫成於公元前九〇〇年之前，而後被廣泛引用。對於此類徵兆，還可以再稍舉幾例——

若金星移近天蝎座，將有不可抗拒之大暴雨襲我國土。暴風雨神阿達德（Adad）以他的傾盆大雨、水神埃阿以他的無盡水源，涵向大地。

若火星變暗，未來大利而吉；變亮，則不利而凶。

若某行星之亮度凌駕眾星，連恆星都顯得遜色，那將有一國君王掃蕩六合，統一天下……

這類星占文獻有時被西方學者稱為「徵兆星占學」（omen astrology）。

徵兆星占學的運作機制是這樣的：比如某位亞述國王想知道幸運的吉利之星何在，宮廷星占學家就去觀天，並將觀察所得的星象與舊有的徵兆系列進行參照，然後以信件的形式，寫一份報告，呈遞國王，彙報所見之天象以及該天象所兆示的意義。這類書信報告的泥版文書原件留下了不少（寫於公元前七二二～前六一二年之間），其中包括恆星表、圓形星空圖及許多構成《徵兆結集》的內容。

現在舉一例子，如下——這是宮廷星占家寫給亞述巴尼拔王的報告——

……榮耀屬於國王！尼布（Nedo，水星之神）與馬都克將降賜於陛下。偉大的諸神將賜予陛下千秋萬代龍體安康，聖心歡悅……此前臣曾奏聞木星情況，謂木星在天秤座（即 zibanitu 天區）內安努神的道路上大放異彩。因新月之角消失時木星沉於地平線之下，無法觀測……茲特再次稟告陛下，因木星運行遲緩，目前仍未能觀測……木星尚未在天秤座諸星下方……

這一類徵兆星占學，早在古巴比倫王朝及亞述王朝時期就已盛行。

有的學者認為，這類徵兆星占學（也就是本書導論中所定的軍國星占學）是完全不依賴於黃道十二宮（zodiacal signs）的。依賴黃道十二宮的生辰星占學直到迦勒底王朝時期方始萌芽。在我們上面所引的例證中，已經出現了一些黃道十二宮的名稱，如天秤座、天蝎座等，但這可以視為早期的星座名稱及劃分，與黃道十二宮體系的形成不能等量齊觀。

古巴比倫王朝和亞述王朝時期的宮廷星占學家可以說是開啟了西方世界此後讓星占學家供奉宮廷的傳統，這種傳統直到十七世紀之後才趨於消停。但巴比倫宮廷星占學家的名字載於文獻，得以保存至今的，最早也只是亞述王朝的以薩哈頓（Esarhaddon，公元前六八一～前六六八年在位）、亞述巴尼拔（公元前六六九～前六二七年在位）兩王宮廷中的若干人。供奉於以薩哈頓王宮廷中的星占學家有如下諸人——

阿古拉努（Akkullanu）
巴拉西（Balasi）
伊什塔爾・舒默里西（Ishtar-shumeresh）
納本・阿丁舒（Nabun-adinshum）
納布・黑里巴（Nabua-heriba）

在亞述巴尼拔宮廷中的有——

阿達德·舒默蘇（Adad-shumusur）
麥·伊什塔爾（Mar-Ishtar）
貝盧·賽伊布（Belu-shezib）

其中那位——麥·伊什塔爾即前面所引致亞述巴尼拔王書信報告的作者。

這些星占學家在宮廷中當顧問，解答國王的各種問題。他們的工作、研究場所就環布在埃阿神之廟周圍。以薩哈頓王即位之初，曾指令他們為他推算，何時為重塑諸神神像及重建諸神聖殿的最佳時刻？他也向星占學家垂詢更為個人的事務，比如即將發生的交蝕（食）是否對他有危險？甚至有何時是王子前來叩見自己的吉時這樣的問題（顯然他記得先王曾發生過被子孫謀殺的慘劇）。

沙羅周期

到了迦勒底（Chaldea）王國時期，學者們測定了五大行星的周期，並發現了馳名古今的預測日、月食的「沙羅周期」（Saros 或 Chaldean Period。一個「沙羅周期」相當於二二三個朔望月或六五八五·三二一一天，合十八年十一日。也就是說，如果某年某月某日有日食發生，那麼，十八年又十一日後也將有類似的日食發生）。這可以說是天文學方面的一項相當偉大的貢獻。

後來，希臘的泰勒斯（Thales）以預告日食的方式，停止了兩個國家的戰爭，大概就是根據沙羅周期推得的。

古巴比倫的醫學

距今一個多世紀以前，一八四五年，英國政治家、業餘考古學家雷雅德爵士（Sir Austin Henry Layard，一八一七～一八九四年）在尼尼微發掘出亞述帝國「圖書館」的廢墟。據估計，雷雅德爵士發現的那個「圖書館」廢墟裡原藏泥版約有10萬塊，發掘到的有三萬塊左右，其中約一千多塊與醫學有關。這些泥版後來都被送到大英博物館，一直收藏至今。從中我們獲得了有關美索不達米亞醫學情況的大部分知識。

這些泥版告訴我們，巴比倫醫學充滿了神怪迷信色彩。掌管醫療事務的主要是廟宇裡的祭司。這些祭司分為三大類或三個等級：第一類祭司是「占卜者」（Diviner），能通神意、預言人的禍福和疾病的凶吉；第二類祭司是「驅魔者」（Exorcist），能驅魔怪，包括病魔；第三類祭司則充當普通醫生，懂得用藥的技藝。

在迷信盛行的時代，耍神弄鬼的前兩類「祭司醫生」，其地位反倒比第三類祭司尊貴得多。但在亞述帝國，主要靠巫醫——他們從事符咒和神學，同時用藥和手術。他們在學校受過教育。醫學校就附設在寺廟裡，泥版為教科書，加上實習教育。教士醫生主要為宮廷、貴族等上層服務。理髮匠做一些外科手術，治牙疾、拔牙，為奴隸烙印等。行醫在法律控制下進行。法典中有許多關於開業醫生收費標準和因失敗而被處罰的條文，但實際上未能嚴格執行。

美索不達米亞的醫術與他們的宇宙觀基本上是一致的。他們認為，疾病是天神對人的處罰，它能殃及全家和後代。天上有眾多主要神鬼和成百上千的次要神鬼主宰著一切人事，也主宰著人類的健康和疾病。為此，他們供奉眾多神祇，其中多數是早期蘇美爾人供的神。因此，祈神驅魔就成了祭司們「行醫」的主要手段。他們或者戴起猙獰的面具，弄姿作態，聲稱能把病魔嚇退；或者手執著結子的繩索，胡亂揮舞一遍，妄言是在擒魔捉鬼。

當時還流行這樣一種迷信觀念：魔鬼最怕看到自身的形象。因此，普遍實行「以魔驅魔」的作法。許多家庭都用黏土塑製或用金屬澆鑄成各種可憎可怖的魔鬼造像，或懸於家門，或擺在窗台，使病魔一見到自己的「尊容」就退避而去。神鬼的數目繁多，大部分是自然物的神鬼化。這些神鬼還各有專司，似乎在神鬼王國也和人間一樣，實行「權力分割」。

早期巴比倫人崇拜的神祇多達六千個，其中有六個主神，包括太陽神沙瑪什（Shamash）。最主要的神是馬都克，他統制了全部科學，自然也包括醫學。人們為他建立寺廟，醫學校也從此發展起來。值得注意的是，蘇美爾人崇拜的一位治療神叫寧基什吉達（Ningishzida）。人們將他畫成雙頭蠅，作為再生和治癒疾病的象徵。人們認為，惡魔充滿了精神世界，每種惡魔會帶來不同的疾病。特別使人恐怖的是魔鬼第七（Evil seven），會使人神經錯亂。因此，醫生在能被七除盡的日子裡，不為病人治療。與醫藥有關的神祇之中，居於首位的竟是一尊「蠅神」，叫「巴阿爾·采伯勒」（Baal-Zebub），能分派蒼蠅、蚊蚋和多種昆蟲向人間散布疾病。在埃克隆（Ekron），人們還為這尊蠅神造了神廟，向它頂禮膜拜。

公元前六六〇年左右，一位名叫阿拉特·納納（Arad-Nana）的御醫在寫給君王學者亞述巴尼拔（Assurbanipal，公元前六六九～前六二六年）的一封信中寫到：「從健康考慮，必須戒備蒼蠅，躲避虱子。」

病魔之中，最凶險惡毒，也最令人畏懼的一種，不但名字古怪——坐見叫「西南風」，而且形體奇特——狗頭、鷹身、獅爪。據說它是散布各種熱症的妖魔，能耗損人的精力甚至奪取人的生命。

所有這些有關神鬼的迷信和奇風異俗，粗聽起來，似乎統統是一派胡言，與科學毫不相干；但若削去重重厚實的神鬼外殼，細細揣摩，我們就會體味到這樣一點：巴比倫人已經朦朧地懂得，外界環境之中存在著某些人類肉眼看不見的致病因素；而且已不算朦朧地懂得了：蒼蠅、蚊子和其它昆蟲與疾病的傳播有著密切的關係。這些還多少包含一點醫學科學的涵義；甚至有人認為它們是現代微生物致病學說的胚芽。

巴比倫人從經驗上所獲得的實際的醫學知識也相當豐富。根據泥版記載，他們已經知道了二五〇種植物和一二〇種礦物藥，包括豆蔻、莨菪、山扁豆、蓖麻油、沒藥、阿魏、樟木、洋茴香、芫荽、大蒜、印度大麻葉、藥西瓜瓤、石榴、罌粟等多種確有療效的藥物，並使用酒、油、脂肪、醋和乳調製。其中不少藥物的用法是基本合理的。例如，用硫製劑治疥癬，用印度大麻治精神抑鬱和神經病，用芥子作為刺激劑，用傷牛草根（Mandragora）和罌粟止痛、催眠，用顛茄治腹痛並抑制流涎……藥物的劑型有口服的煎劑和粉劑、泥罨劑、塗敷劑，還經常使用灌腸劑，以及吸入蒸汽烟霧。藥膏用於開放型創傷，可能為了防止覆蓋東西的黏連。

使用藥物，多按照宗教儀式、日期、時間和星座的位置而定。當時甚至還使用以狗屎、人糞、人尿作為「藥物」的「穢物治療法」——這可能與一種迷信觀念有關。它認為，人們憎惡的穢物，魔鬼也同樣憎惡，因此，它能把病魔驅逐出體外。

兩河流域醫術中最常使用的是火和水。火主要用於驅魔的儀式；潔淨的雨水則被認為是天賜的聖物，不但可以洗滌污垢，也能蕩滌病魔。因此，巴比倫人所使用的「醫生」這個名稱，來自蘇美爾楔形文字中的「阿蘇」（A-Su）一詞，意思就是「懂得水的人」或「水專家」。

兩河流域也許是世界醫學史上牙科最早發達的地區。在一塊公元前二二五〇年左右的泥版上，記載著用莨菪子和乳香膠調製而成的糊劑塞入齲齒以止牙痛的方法。這也許是世界上最早的局部麻醉術記載。另一些泥版記載的止牙痛藥物則是：歐傷牛草根、罌粟和印度大麻葉——同樣也是一些具有止痛或麻醉作用的藥物。

對於一些特別疑難的病例，巴比倫人採用一種特殊的「公眾會診法」。西方「史學之父」希羅多德對這種會診法做了如下記載——

> 他們把病人運送到市場上，因為醫生對他們無能為力。這樣，過往行人就走向病人，提出治療他們的疾病之建議。若有某個行人曾患過與病人相似的疾病，或者曾看過得這種疾病的病人，他們就會走過來，提出治療的勸告，介紹曾經治癒了他們或他們曾經看到治癒過另外某些人的治療方法。

這樣公開由群眾「會診」疾病的方法，除了兩河流域之外，也許很少有別的地方使用過。

戰爭和侵略助長了流行病的蔓延。公元前八世紀的泥版上即有鼠疫的記載。當時的人已經懂得把接觸病人當作禁忌，相對隔離顯然對集體衛生有利。

占肝術

美索不達米亞的醫生一方面靠宗教方法預見病人的情況，並研究神對贖罪的要求，亦即用各種旨在「治療」和「預防」疾病的「祈神驅魔儀式」，另一方面也觀察病人的症狀，以估計病人的嚴重程度。他們當時還沒有全面的解剖學思想，所以用一種占卜的方法「診斷」疾病。這種「疾病預告」的迷信作法就是在國外醫學史上頗為有名的「肝占術」（Hepatoscopy）。

占卜，是世界各國、各民族都曾有過的一種迷信活動，至今也遠未完全絕跡。但用於占卜的卜具和具體作法，在不同的國家和民族，都不盡相同。解剖肝的占卜術是巴比倫人最早盛行的預言技巧之一，它是憑藉察看祭品的肝臟預卜未來。中國早在銅器時代似乎就已採用此術。後來，羅馬人和其他許多民族繼續使用這種方法。肝臟以其體積大、形狀有趣而又充滿著血，使占卜者深感興趣。巴比倫的占卜術是以用於獻祭的綿羊肝臟和黏土支撐的綿羊肝臟的模型等為卜具。

卜法是這樣的：

讓病人對著祭神的綿羊鼻子用力吹氣。因為人們相信，吹入的氣不但能進入綿羊的肺部，還能抵達綿羊的肝臟。然後把這隻羊殺掉，讓祭司仔仔細細檢查已被病人「吹過氣」的綿羊肝臟，特別注意羊臟在羊腹中的位置、大小、含血的多少和膽囊的大小等等。祭司事先備有用黏土塑成的綿羊肝臟模型，上面劃有縱橫直線，將整個肝臟分成五十個方塊（五十個區域）；每一方塊的不同特徵分別提示著不同的疾病及疾病的不同預後，這些都另在泥版上寫有詳細的說明。祭司在綿羊肝臟的任何部位發現了異常改變，就用一根細木籤插入相應方塊（區域）的小圓孔，直到把羊肝上的所有異常改變都在模型上用細木籤標出為止。最後，就用這些結果與泥版上的說明相對照，以判斷病人患的是什麼病，以及疾病的預後。

肝臟被用作卜具，與古代兩河流域人民特別看重肝臟的觀念有關。因為巴比倫人把肝臟看作是體內含血液最多的器官。他們還認為，血液代表生命，而生命又是神賜的。因此，當神接受獻祭的動物時，由神所決定的人類疾病也最容易從獻祭之動物的肝臟顯示出徵象來。這就是占肝卜術的「理論根據」。

除了「診斷」疾病和推測疾病的預後以外，肝卜術還被廣泛應用到社會生活的其他許多方面。戰爭的勝負、商業的盈虧、農業收成的豐歉等等，都可通過肝卜而「預知」。例如，征戰前，若肝卜時發現羊肝結實，就預示勝利；反之，若發現羊肝萎縮鬆皺，則預示失敗。獻祭動物的右部膽囊腫大，預示敵國軍力占優勢，戰局主敗；反之，左部膽囊腫大，則戰局主勝……如此等等。

從現代科學的角度看，肝卜術除了它的史料價值外，科學價值是有限的。不過，正由於通過肝卜而仔細觀察了無數羊肝，進而也增進了人們對肝臟內部結構的認識。

肝卜術的起源很早，大概在公元前三〇〇〇年左右就已出現了。現在西方博物館中保存的最早的羊肝泥模是公元前二〇〇〇年左右的遺物。它的流傳十分廣泛，遠遠超出了兩河流域。巴比倫人把肝卜術傳給了赫梯人、伊特魯斯坎人。經過他們的中介，又把肝卜術傳給了羅馬人。甚至在《聖經》中也有許多有關肝臟崇拜的記錄。隨著時間的推移，肝卜術逐漸有所演變，卜具由泥模變成銅模，其形狀也越來越不像真正的肝臟，最後竟演變成標記著黃道（太陽運行軌道）和其他天象的一具簡單的天文學儀器。

除了占肝術外，美索不達米亞還盛行與占肝術相似的另外

・用於占卜的肝臟泥模

兩種占卜術：「占星術」和「占夢術」──那是分別根據日、月、星辰的運行情況及夢境預卜一切人事和疾病預後的方術。在人類文明史上，兩河流域要算是占星術最發達的地區了。

最早的醫療法典

一九〇一年，一支法國考古隊在伊朗的蘇薩城（Susa）發掘出一根黑玄武岩石柱。這個名叫《石柱法》的法典就是後來人們所熟知的《漢謨拉比法典》，現在藏於法國羅浮宮（Louvre）。這根圓頂石柱的正面之上刻著一幅太陽神沙瑪什（Shamash）把權標授予國王漢謨拉比的浮雕。不言而喻，這是為了顯示「王權神授」，提高《漢謨拉比法典》的權威性。石柱正面下方刻有楔形文字十六欄，背面刻有楔形文字廿八欄。整部《漢謨拉比法典》分為引言、正文和結語三大部分，共二八二條（另說二八五條），包括了商業、婚姻、債務、遺產繼承、奴隸、租佃和雇傭關係、盜竊和謀殺的處理等內容。其中不少條文涉及醫療活動。因此，《漢謨拉比法典》同時也是最早的醫療法典。

下面這些條文，就頗堪玩味——

第 218 條：若用銅製手術刀替上等人士治療嚴重創傷而致其死亡，或用銅製手術刀切割其眼部膿腫而致其失明，醫生處以斷指之刑。

第 219 條：若用銅製手術刀給自由民的奴隸做手術而致其死亡，應由醫生賠償一個同等價值之奴隸。

第 220 條：若用銅製手術刀割治奴隸之眼傷而致其失明，醫生應賠償奴隸之一半身價。

第 221 條：替上等人士治療骨折或腸病，酬金為五銀幣。

第 222 條：替自由民治病，酬金為五銀幣。

第 223 條：若患者為奴隸，應由其主人向醫生付酬金二銀幣。

第 224 條：獸醫替嚴重創傷之公牛或驢做手術而使其獲救，公牛或驢之所有者應向獸醫付六分之一銀幣，作為酬金。

很容易看出，這些法典條文，不論賞、罰，幾乎都針對外科醫生，而沒有針對內科醫生的條文。這說明，當時外科手術已比較普遍。其中所提的外科手術還有外傷、膿腫、碎骨、肌腱扭傷治療及奴隸的烙印等。法條中還說明，遠在那麼早的歷史時代，美索不達米亞已有了專治內科病和外科病的醫生，而且內外科醫生的社會地位懸殊。內科醫生幾乎全是祭司，屬於社會上層；外科醫生則一般由平民充任，屬於社會下層。《漢謨拉比法典》沒有針對內科醫生的條文，其原因大概與我國古代「刑不上大夫」有些類似。

《漢謨拉比法典》不僅明顯地反映出內外科醫生社會地位之不平等，同時還反映出當時醫學發展的某些情況。例如，《漢謨拉比法典》中「賞」的條文雖然有些瑣屑（瑣屑到竟去規定各種不同等級的費用），但它多少起了給處於社會下層的外科醫生提供經濟保障的作用，說明了當時外科醫生已構成了一個社會階層；而「罰」的條文之嚴苛（嚴苛之例，除了上面引到的「斷指」以外，甚至還有割舌、挖眼等類殘酷的名目），反映了古代外科醫生地位之低下。這說明了外科這一醫學分科在缺乏必要的科學和技術的條件下，還處於粗陋的階段，操於社會地位低下的技藝人之手，是識文達理的上層社會人士不屑於從事的職業。

我們知道，即使在現代醫學科學的條件下，查明診治成敗的責任也不是易事，更不要說尚處於醫學發展幼年期的當時了。在這樣的法典條文下，「謬償」和「誤罰」，想來都應是經常發生的事。「謬償」倒不成為問題，但「罰不當罪」，甚至「罰之以刑」，就難免要弄得外科醫生臨診如臨刑，惶惶無寧日了。因此，這部法典，除了提供了當時醫藥情況和醫學觀念方面的某些資料外，對醫學發展所起的實際作用就有些無從說起了。

最早的環境立法

現今，人們對於人類經濟活動所帶來的自然環境的破壞已早有覺察，環保的概念也開始根植於人心。

一九〇一年，考古學家在波斯古城蘇薩（在今伊朗胡澤斯坦省境內）遺址考察，發現了一個高約二．五米，直徑約一．五米的橢圓形玄武岩質石碑。經過詳細研究，人們弄清了這個石碑上銘刻的是古巴比倫王朝第六代國王漢謨拉比所制定的法典。它的上面有漢謨拉比從太陽神沙瑪什手中接受權標的浮雕像，下面刻滿了楔形文字。

經過仔細研究發現，這部法典由序言、正文和結語三大部分組成。正文共二八二條，內容包括訴訟手續、盜竊處理、軍人份地、租佃、雇傭、商業高利貸、債權債務財產繼承和奴隸的處罰等方面，旨在維護私有制和奴隸主階級的利益，是研究巴比倫社會歷史的珍貴資料。在這眾多法典條文中，人們還發現一條規定：製鞋匠不准住在城裡，只許在城外營業。這是為什麼呢？

原來，儘管那時的生產力非常低下，但人們已感覺到環境污染的威脅。在建築物毗連的城市裡，製鞋、製革等手工業所產生的下腳廢料，必然會影響到近鄰。由於害怕這些垃圾和污水傳播細菌，導致瘟疫，古巴比倫人便立下這條保護城市衛生的法令。

巴比倫和尼尼微的考古成果還證明，古代兩河流域有較高的衛生保健水平。當地人開始採用法律手段防止傳染病蔓延，用土法生產自來水，用黏土燒製的排水管排放城市污水。這裡也流行類似中國氣功和印度瑜伽的保健術。兩河流域是這種帶有神祕色彩的東方式健身祛病方法的發祥地，古代的埃及人、印度人、中國人、波斯人、希臘人都取法於他們，然後再按各自的自然觀加以改造利用，從而創造了不同的流派。在幾乎與舊大陸完全隔絕的條件下，獨立地創造了自身文化的美洲土著也有類似的保健術。考慮到這一點，也許這樣的認識更為客觀：人類在生存水平一致、思維方式相同的時代，即使處於不同的地域環境，也能創造出基本相同的文化。

漢謨拉比法典中的規定，大概是人類歷史上最早關於環境問題的立法。它充分反映了早在幾千年前，人們就已經感覺到環境破壞的威脅。

不僅古巴比倫有這樣的法令，人們還發現，在另外一些古老的法規中也有類似的規定。如古羅馬，據說也曾經規定某幾種工匠只能住在城外。在大規模工業化的今天，這難道不足以令我們深思嗎？

肥沃新月——
農耕世界與遊牧世界的衝突地帶

約一萬五千年前，舊石器時代開始向新石器時代過渡。從這時起，人類的經濟活動又有了進一步的發展。新石器時代農業文化（農耕、畜牧）的產生，最早起於西亞。這裡西起約旦河和安那托利亞，東至扎格羅斯山地，形成一個新月形地帶❷，其邊緣是每年平均降雨量三百毫米的雨水線。在這雨水線限界之內，生長野生穀物，包括各種小麥，以及大麥，分布

❷ 新月形地帶：又稱「傘形」地帶。以敘利亞、巴基斯坦為傘柄，上面是安那托利亞至扎格羅斯山地。兩河流域正好位於這一地區。

很廣；雨水線限界之外是乾旱的沙漠。

從採集植物果實和獵取動物的實踐中學會了栽培植物和馴化動物，發明了原始農耕和畜牧，從而由食物的採集者變為食物的生產者（也有人稱之為「農業革命」）。這是人類物質生產史上第一次歷史性的飛躍。從此，氣候和土壤適宜種植穀物的地區逐漸以農耕為主，乾旱而牧草間生的地區則以畜牧為主。農耕的產生，使人類有可能逐步轉入相對定居的生活，形成村落。從公元前八〇〇〇～前七〇〇〇年起，在西亞、東亞、東南亞、中美、南美及非洲內陸，先後形成幾個各有特色的農業中心。農耕所特具的優越性以及由此而來的農耕地區人口的增長，使各農業中心必然不斷地向周圍擴散。

美索不達米亞最早培育的小麥和大麥，在三千多年中，先後沿東西兩大方向擴散到歐洲和亞洲偏南直到印度的廣大地區。中國和東南亞培育的水稻，中美、南美培育的玉米，也逐步向各自的周圍地帶擴散。於是，就亞歐大陸而言，中國由黃河至長江，印度由印度河至恆河，西亞、中亞由安那托利亞至波斯、阿富汗，歐洲由地中海沿岸至波羅的海之南，都先後不一地成為農耕和半農耕地帶，由此構成了一個綿亘於亞歐大陸東西兩端之間、偏南的長弧形農耕世界。在這個農耕世界之北，是易於遊牧和半遊牧的地區。

在農耕地帶，生產增長率和人口增長率都較高。食物豐饒之後，有更多的可能分出勞動力從事農耕以外的活動，如手工製造、金屬開採和冶煉、河渠開鑿、土木建築、社會管理、宗教祭祀等等。因而，農耕地區的階級分化較快，也較早出現公共權力，誕生了文明。

約在公元前四〇〇〇年代後期，西亞兩河流域首先突破原始公社各自孤立的狀態，在較大的範圍內形成並加強村落和村落之間的聯繫，出現了居民密集的聚落，由此興起了很多以城為中心的小國。在遊牧地帶，由於生產力增長率較低，社會分化相對緩慢，因此原始部落牢固存在，長期停留在淳樸而落後的狀態。遊牧世界需要農耕世界的糧食、布帛和金屬工具，農耕世界需要遊牧世界的馬匹和皮革。這樣，雙方就進行著和平、有時也互施暴力的交往。西亞正處於這兩大地帶的中間區，四周沒有大的地理障礙，又是亞、非、歐三大洲的聯結處，因而也正是古代農耕世界與遊牧世界接觸比較頻繁，相互影響較突出的中心地帶。它經伊朗，北接中亞草原，經小亞，連絡高加索至黑海一帶，因而和古代遊牧世界的中西兩片皆有牽涉，農牧交互作用不斷激起的衝突浪潮也加劇了西亞歷史格局的動盪，故而王朝興替與民族變易的情況遠較其他地區為甚。

從公元前二〇〇〇中葉起，迄公元十三世紀，遊牧世界各部落先後對農耕世界掀起了三次歷時長久的移徙和衝突浪潮。最初的一次斷續綿延到公前一〇〇〇年左右，進入農耕世界者主要是來自偏西北方的印歐種人，東至印度河，西至愛琴海，中部至兩河流域和小亞細亞；也有閃米特人，他們進入兩河流域和埃及，帶來馬拉的雙輪戰車，稍後南下的還使用了騎兵。遊牧世界各族在入侵時期的軍事優勢，一當他們進入農耕地帶，就在各自農耕化或進一步農耕化的過程中逐漸消失。農耕世界一次又一次把入侵的遊牧、半遊牧、趨向農耕的各部族吸收到自己的經濟文化體系中來。

《農人曆書》——人類最早的曆書

《農人曆書》原文是蘇美爾文。英譯的學者克萊默（S. N.

Kramer）認為這篇作品寫於公元前一七〇〇年左右。也就是說，它反映的是古巴比倫時期的情況。這是迄今為止所發現的世界上最古老的農書（比公元前八世紀希臘赫西俄德的《田功農時》和公元前二世紀羅馬加圖的《農業志》早得多），對於研究古代的農業生產和社會都是很可貴的資料。

《農人曆書》所述的一年耕作的第一件事就是灌溉。由此我們也可以看到，當時兩河流域南部地區的農業是人工灌溉的農業。書中說到——

> 當你準備著手（耕種）你的田地時，密切注視堤堰、溝渠和護堤的開口處，（以便）當你把田淹灌時，水在田農不致升得過高。你把水排完後，注意田農浸透了水的土地，要讓它為你保持為繁殖力旺盛的土地。讓掛掌的公牛（蹄子用某種方式保護起來的公牛）為你踐踏它，（而）它的野草被（牠們）除掉，（並）把田弄成平地後，用每把重（不超過）三分之二磅的窄斧平平地修整之。（隨後）讓持鎬者為你把牛蹄印除掉，弄平；而後讓他把所有的裂縫都用一個大耙耙過，並拿鎬把田的四周都刨一遍。

然後敘述耕田的方法，若以雙牛牽引重犁則可事半功倍，犁地且須先用名為巴迪爾（Bardil）犁開壟破土，然後用蘇金犁（Shukin）反覆深耕，再以耙、鋤鬆土碎土。耕作工作已較細緻，犁鏵、耙、鋤、斧、鎬等農具亦用銅製。

《曆書》接下來敘述了種植大麥的全過程。這篇作品單一地論述大麥種植，而沒有涉及棗椰子（椰棗）等當地特有的經濟作物。看來，單一地種植大麥在當時是較普遍的。從中我們可以看出古巴比倫人的勞作情況——

當你準備犁你的田時，注意放大麥種子的那個人。讓他把麥子播得一律兩指深……幼芽頂破地（面）而出後，向女神寧吉麗姆（Ninkilim，田鼠和害蟲之女神）做一個禱告，（並）轟走飛鳥。當大麥長滿了壟溝狹窄的底部時，給籽苗澆水……當你準備收割你的麥田時，不要讓大麥自行倒伏，（而要）在它力量（極盛）的時刻收割它。一個割麥者，一個把割倒的大麥捆起來的人和一個在他前面（把麥捆緊起來）的人——這三個人（為一組）將為你收割。撿麥穗的人不得破壞，他們不能把麥捆扯開。在你收獲的日子，就像在「困窘的日子」一樣，要讓土地按照他們的數目，養活年幼和拾麥穗的人……在將要揚淨大麥的那天，把它放在一些棍子上，（並且）在傍晚和夜裡各做一次禱告。（然後）把大麥（從麥稈上）「鬆」開，就像（有）一股強網一樣。「鬆開」的大麥將為你儲存起來。

以上這些情況說明，古巴比倫的農業還是自給自足的，純樸的自然經濟占著統治地位；也反映了那時人們彼此間的關係也很融洽。

在談到收獲時，《曆書》規勸農人把落地的麥穗留給窮人和孩子去撿，允許他們睡在自己的田裡，並為勞力們燒些新鮮大麥吃。這使我們情不自禁地聯想起《詩經・小雅・大田》中的「彼有遺秉，此有滯穗，伊寡婦之利。」

這本手冊除了直接告誡作為家長的農民應注意的一切事項外，還提醒他對家人或幫工（可能也有一、兩個奴隸）等「勞力」要嚴加督促。書中寫道——

讓皮「頭箍」、刺棒、「開口器」（和）鞭子（在需要紀律和管束的事情上）樹立你的威信，不要容忍絲毫怠惰。在他們幹活時要監視他們。不要容許任何中斷，不要讓你田裡的勞力們分心。

由此可見，在當時的情況下，只有這類小規模的農業經營才可以充分發揮這種精耕細作的效率。

綜上所述，我們看到，《農人曆書》除了敘述了古巴比倫的農業耕作技術外，還在一定程度上反映了當時人們的生活狀況及彼此間的和諧關係，從一個側面折射出兩河流域人民在農業生產上的智慧。

發達的農業經濟

古代兩河流域是一個繁榮的地方。古希臘歷史學家希羅多德曾經論述過他看到的一個縱橫著無數寬闊之運河的國家，在那裡收獲的莊稼要比播下去的種子多到二百、三百倍，小麥和大麥的穗子有四個指頭寬，穀子和芝麻長得簡直像樹一樣。

希羅多德之後約五百年，記述美索不達米亞地區的地理學家斯特拉波如此描述——

這個國家生產大麥的數量是任何其他國家所不能及的，因為大家都說：這裡的大麥收穫比種子多到三百倍。而其它所有需用則取自棕櫚，用它做麵包、酒、醋、蜜，編織器具。鐵匠用棗（椰子）核當炭燒；壓碎了，可以用來餵牲口……

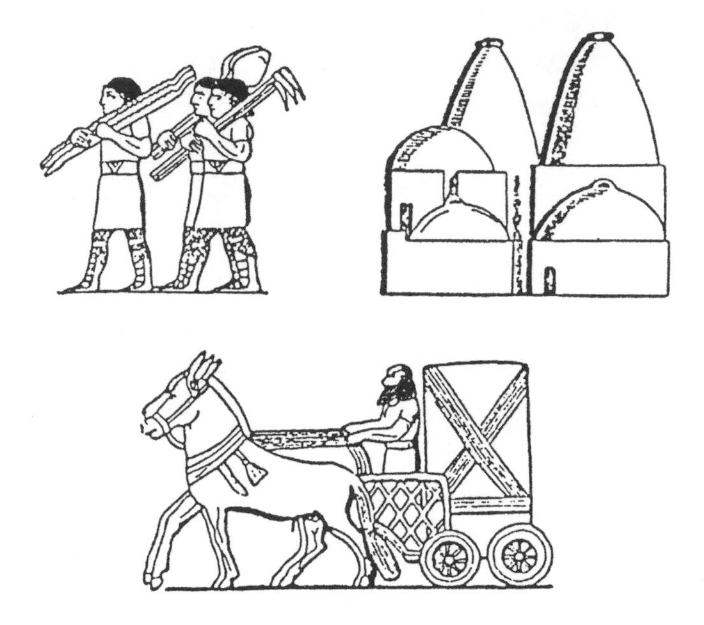

・（上左）亞述的莊稼人（上右）亞述的鄉村建築（下）埃蘭的車

・古巴比倫時代的縷式農具

當然，希羅多德和斯特拉波所說的有些誇張，但也反映出古代兩河流域之富裕。

鐵器在兩河流域要到公元前十九世紀才廣泛使用。公元前三一〇〇～前二一〇〇年為古代兩河流域的早期青銅時代，但青銅器較普遍地使用是在公元前三〇〇〇年代中葉以後。在此之前，石耒、木犁在相當長的時期內是農業中的主要生產工具。早在公元前三〇〇〇年，蘇美爾人已使用牛、驢拉犁耕地；但要到公元前二〇〇〇年以後，拉犁才開始用一人一車。以後還出現了帶有播種漏斗的改良型犁具。最主要的農作物是大麥和椰棗。大麥的產量可達播種量的 30、40 倍。大麥酒是人們常用的飲料。椰棗為人們的主食之一，是最普遍且最有價值的水果，也極好吃。把它泡在水裡，直到發酵，就成為兩河人喜愛的飲料。椰棗這麼重要，故有人認為，正是美索不達米亞的椰棗把古代各族吸引到那裡。後來椰棗也被傳到各地，為人們所喜愛。尤其是阿拉伯人，能擁有椰棗，成為他們夢寐以求的理想。相傳，先知曾吩咐阿拉伯人說：「你們要尊敬你們的姑祖母——棗椰，因為棗椰和人祖阿丹（亞當）是用同一種泥土造成的。」

古代兩河流域人民編寫了人類歷史上最早的農書——《農人曆書》，它比公元前八世紀古希臘詩人赫西阿德的《田功農時》早了一千年。這部世界歷史上最早的農人曆書專為小自耕農介紹有關灌溉、耕耘、收獲的注意事項，可以說是一本小農手冊。它強調水利是農業的命脈，農作必先重視灌溉，耕田者以雙牛牽引重犁則可事半功倍，犁地必須先用名為巴迪爾之犁開壟破土，然後用蘇金犁反覆深耕，再以耙、鋤鬆土碎土，耕作程序已較細緻，犁鏵、耙、斧、鎬等農具亦用銅製。這樣，農業操作不僅表明生產力的提高，也可以使勞動者更為專心致志了。

這本手冊除了直接告誡作為家長的農民注意一切事項外，還提醒他對家人或幫工（可能也有一、兩個奴隸）等勞力要多加督促：「讓你的鞭子樹立起你的威信，不要容忍絲毫怠惰，不要容許任何中斷，不要讓你田裡的勞力們分心。」

公元前四〇〇〇年後期，古代兩河流域開始出現輪製陶器，人們用黏土製陶。陶器大多是彩陶，色彩富麗奪目，有的還塗有釉層。人們常用的生活用具如酒杯，油缸、爐子、燈盞等幾乎全是陶製。最有趣的是，人死後用的棺椁也用陶土燒製，形狀像個有蓋的長方形大箱。黏土也是古代兩河流域最主要的建築材料，壘牆、蓋房、鋪路，都使用黏土摻以碎麥稈製作的土磚。土磚用模子定型，曬乾後即可使用。古代兩河流域的城市建築物就是用這種黏土修建的。

古代兩河流域的金屬製造工藝已達到相當純熟的水平。我國商代有司母戊大方鼎。大約同一時期，兩河流域有重約兩噸的青銅鑄像。手工業的發展還可從分工的細密中看出來。在《漢謨拉比法典》中，我們就見到有十種行業：製磚、織麻、刻石、珠寶、皮草、木業等等。

Chapter 5
文學篇

泥版書法——
楔形文字——人類最早的文字

古代兩河流域最大的文化成就之一是楔形文字的發明。楔形文字又名「釘頭字」，它的筆劃都是由一頭粗、一頭細的直線構成，像是楔子或釘子。阿拉伯人很早就發現這種古文字，給它起名為釘頭字（mismari）。阿拉伯人給它起名以後大約五百年，歐洲人也發現了這種古文字；由於不知道它已經有過名稱，又重新給它起名為 Cuneiform。這個詞源自拉丁文 Cuneus，即「楔形」的意思。

所有的人類一切古文字都是從圖形開始的，蘇美爾文也不例外。早在烏魯克文化時期（公元前三五〇〇～前三一〇〇年），蘇美爾文人就創造了圖畫式文字。在屬於烏魯克文化時期的奧海米爾丘（基什附近）曾發現一塊約公元前三五〇〇年製作的刻字石板，兩面均刻有表示各種事物的圖畫符號和線形記號，通篇畫有頭、手、腳等圖象，被認為是迄今發現的最早

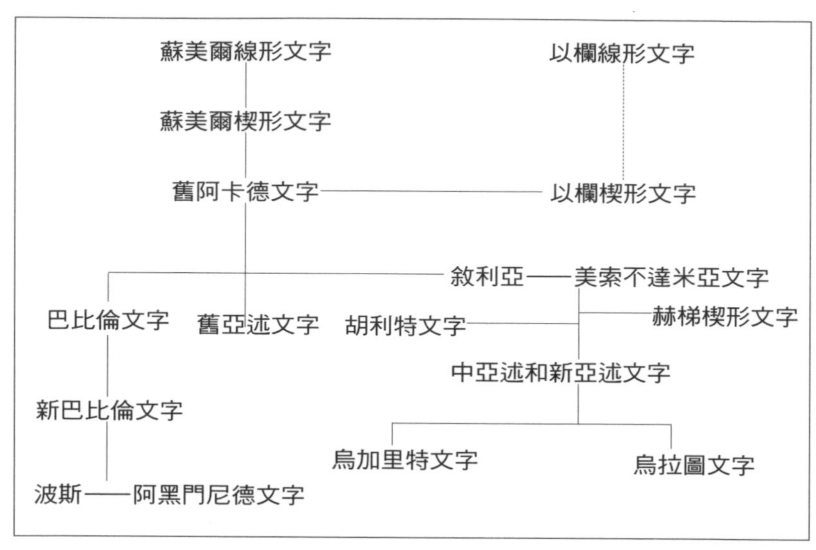

・最主要的楔形文字系統發展示意圖

虛線表示可能的發展，實線表示無疑的影響。

（烏加里特人和波斯人向亞述-巴比倫文字只借鑒楔形的符號形狀）

最初象形字	楔形文字中的象形字	蘇美爾文	亞述文	最初或引伸義
				鳥
				牛
				穀
				立走

・楔形文字的演變

文字。與之同時或較晚，在烏魯克的埃安娜（埃安娜是愛與美的女神，巴比倫時稱依絲特，和西方的維納斯女神相當）神廟出土的一些刻字泥版上，我們發現文字的刻寫水平進一步專業化：泥版和葦筆（或其他材料製成的硬筆）已逐漸成為書寫常用的工具；雖然字符仍不脫象形的特色，葦筆刻成的頭重腳輕的線條卻有定形的趨勢，即已固定為一種楔形的筆劃，從而為日後楔形文字的形成開闢了道路。

楔形文字就是這種圖畫文字的簡化。這類似於我國漢字從甲骨文到隸書的變化。之所以會從圖式文字轉變到楔形文字，人們通常解釋為是由於書寫工具和技術的改變而造成，由削尖的蘆葦桿在泥版上「畫」符號過渡到帶三角形尖頭的蘆葦在泥版上壓刻出符號；也有人把這種書寫技術的改變解釋成是取黏泥性質而造成，因為黏土的黏性不能很快在泥版上「畫」直線，更不能「畫」出曲線，書寫的人用蘆葦尖在軟泥版上刻畫楔形符號就快得多了。

總的來說，這一書寫形式變化的基礎是對加快書寫速度的要求。這一要求在公元前四千年代末至公元前三千年代初，由於蘇美爾人文字的較廣泛的傳播而變得特別迫切。正是從這一時期起，在蘇美爾人那裡，除了有簡短的有關經濟方面的銘文以外，還出現了比較繁雜的書面文獻——核算・會計、文學等方面的銘文；也正是在這一時期，在蘇美爾形成了職業書寫人的社會階層。

最初的蘇美爾文字是刻在石頭上的。由於書寫不太方便，以後人們逐漸用黏土製成的半乾的泥版作為「紙」（這種「紙」形狀有方有圓，大則幾十寸，小則幾寸），以有點像竹筷的小棍兒為筆，在上面書寫（這種筆可以用各種材料製成：樹皮、草莖、骨頭、木頭、金屬等等。但主要是用蘆葦製成）。只有在特殊場合才刻石記事。蘇美爾人書寫的具體方法是：通常在軟的泥版上利用細線劃出格子，然後書寫——左手拿著泥版或把它放在一個支架上，用握緊的三角尖頭蘆葦桿在泥版上壓刻出所需要的符號。有時只是在一面寫字，有時兩面都寫字，並且往往在其四邊上也刻有字。書寫完之後，就將泥版拿去晒乾，然後放到爐子中焙燒，使之保持固體形態，以長期保存。這種寫有楔形文字的泥版既可以一塊構成一篇獨立的文獻，也可以幾塊或幾十塊相連貫而組成一部書。成為大型手稿的泥版放進木箱子或泥箱子內。

通常，每一塊泥版的下端刻上它的順序號碼和手稿名稱（此名稱由手稿的前幾個詞組成，類似於《論語》中的篇目）。一篇較長的文章需要若干塊泥版，為了便於尋找和閱讀，上、下兩塊泥版往往重複一行，以示銜接。需要保密的文件，另用一塊泥版蓋上，保護下面有文字的泥版。還可以在兩塊泥版的四邊接合處用軟泥封住（封泥），加蓋印章，成為一個泥製的「信封」。收信人接到信後，只要打碎這層薄泥片，就可以見到信了。起初，符號從上往下寫；後來，轉向從左向右寫，類似漢字書法方式的變化。

今天看來，楔形文字十分古怪。可是，這種古怪的文字在西亞足足應用了三千五百年，而且還是當時的國際通用文字呢！它比埃及的象形文字還要早。

楔形文字體系很繁雜，即使在它大大簡化、演變之後，還是難以掌握。全部的楔形文字符號大約有六百多個，其中又有許多「同字異音」和「同音異字」，學習起來十分困難。到新巴比倫時期，更方便的文字符號才開始流行，但那已經是很晚的事了。

儘管蘇美爾楔形文字不夠完美，但它對兩河流域和西亞其他一些國家、民族來說，還是可以接受的。大約從四千年代初開始向外傳播。首先傳到阿卡德的閃米特部落，然後又傳給巴比倫人、亞述人、赫梯人、加喜特人、烏拉爾圖人、波斯人、烏加里特人及小亞細亞的其他民族，從而形成了一個以蘇美爾為中心的「楔形文字圈」，猶如以中國為中心的東亞「漢文化圈」。因此，也有人把楔形文字稱為「古代東方的拉丁語」。

蘇美爾的楔形文字如此廣泛流行，大概是由下面幾個原因造成的：首先是後來繼承蘇美爾文化傳統的巴比倫王國和亞述王國十分強大；其次，用來書寫楔形文字的材料和工具（泥版和蘆葦）容易得到，書寫技術簡單，以及楔形書寫的泥版經久耐寫。另一個主要原因則是後來的亞述—巴比倫楔形文字的表音、音節的性質。

蘇美爾人遺留下來的泥版和其他銘文非常豐富。在已發現的泥版中，有近三千片是公元前二〇〇〇年左右的宗教文學作品。另外有約八十萬塊左右的泥版記錄法規、訟事、遺囑、帳目、契約、收據、書信等等。但是，曾經記錄「西方」世界文化輝煌達三千五百年的楔形文字，在波斯人征服新巴比倫王國（公元前五三八年）之後，也隨著歷史的波濤而湮沒了。最後一片保存至今的泥版是公元前六年的遺物。人們逐漸忘記了這種文字。古希臘人也沒有關於楔形文字的明確概念，僅僅在希羅多德的《歷史》中提到了「亞述文字」。

但隨著近代考古學的誕生，人類歷史上最古老的楔形文字文獻一種接著一種，重新展現在我們面前。起初，人們發現了它，但並不認識它。直到十八世紀末，還沒有一個人能認識楔形文字。到了十九世紀，楔形文字才逐一被釋讀出來。楔形文字的釋讀是由近而遠，逆溯上去的。學者們經過窮年累月鑽研，最先釋讀了波斯楔形文字，然後認識了埃及楔形音節字，再接下來認識了亞述和巴比倫的楔形文字，最後才釋讀了那屬於黏結型的蘇美爾語楔形文字，從而使我們能夠閱讀和研究保存下來的極其珍貴的歷史文獻資料，打開了認識美索不達米亞數千年歷史的大門。

王宮圖書館——人類最早的圖書館

一八八九年到一九〇〇年之間，美國考古學家彼得斯（John Ponnett Peters，一八五二～一九二一年）和希爾普雷希特（Itermann Volrath Hilprecht，一八五九、一九二五年）在今天伊拉克境內尼普爾的一個寺廟廢墟附近，發現了許多泥版文書，其中包括神廟的記載、獻給巴比倫國神的讚美歌、祈禱文及蘇美爾神話等等。這是迄今為止，人們所知最早的圖書館之一。據估計，它存在於公元前三千年代上半葉，距今約有四千多年了。蘇美爾人在寺廟裡設有專門訓練男女書吏的學校。這些泥版裡有大量的學校語法練習。考古學家在兩河流域發現的圖書館或檔案館還有幾處。例如，一九三〇～一九三一年，英國考古學家伍萊（Leonard Wolley，一八八〇～一九六〇年）在幼發拉底河口附近的烏爾（Ur）發掘了四百多塊泥版文書和一千多塊殘片。經專家鑒定，這也是一所寺廟圖書館，廟裡也設有書吏訓練學校。泥版文書中的經濟資料是按主題和年代排列的。這些泥版還掛有內容簡介的標誌牌。估計這個圖書館大約存在於公元前三千年左右。

又如，在幼發拉底河岸的基什（Kish）城，許多泥版文書按不同的主題，分別保存在好幾間屋裡。估計這是古巴比倫王國最傑出的國王漢謨拉比（公元前？～前一七五〇年，公元前一七九二～前一七五〇年在位）時期的國家圖書館或檔案館。

底格里斯河兩岸的阿淑爾（Ashur 或 Assur）古城，德國考古隊在公元一九〇三～一九一三年之間，還發掘了藏書豐富的好幾所私人圖書館。

不過，一所真正的「古代圖書館」在兩河流域出現，還要在一千多年之後。這就是說，直到公元前七世紀，我們才看到一所像樣的圖書館在亞述帝國建立起來。這是一所皇宮圖書館，位於首都——底格里斯河上游的尼尼微（Nineveh），建造者就是那位有名的亞述巴尼拔（Assurbanipal，約公元前六六八、前六二六年在位）國王。

亞述是接續古巴比倫王國興起的國家。亞述統治者進行了一系列掠奪戰爭。到了公元前七世紀，亞述一躍成為龐大強國，其領土擴展到古代西亞和北非文明發達地區。

亞述巴尼拔是亞述王朝的最後一個國王。他是一個黷武好戰的國王，曾多次進行遠征。同時，他又是一個博學多才的人物。這個國王幼年時在僧侶學校受過教育，學會書寫技術，並研究過各種各樣的宗教文學作品。他在尼尼微即位後，就命令在他的皇宮建立一所很大的圖書館，並下令僧侶書吏到全國各寺廟和宮殿搜集古書。亞述巴尼拔的圖書館藏有大約二萬五千（一說三萬）塊泥版文書，每塊大小約 24×16cm。它們是公元一八四五～一八五四年被英國有名的考古學家、政治家雷雅德（Austin Henry Layard，一八一七、一八九四年）和土耳其的考古學家拉薩姆（Hormuzd Rassam，一八二六、一九一〇年）挖掘出來的，其中二〇七二〇塊泥版文書現保存於大英博物館。

這所圖書館的所有牆壁，從上到下陳設了許多櫃子，以便珍藏這些泥版文書。許多藏書都刻有國王的名字，有的注明是亞述巴尼拔親自「修訂」，有的注明是由他收集。書上記著「宇宙之王、亞述之王、亞述巴尼拔之宮」等字樣。這裡的泥版文書有：各種宗教銘文、文學作品、天文學觀測記錄、醫典、數學、化學、植物學及其他科學著作，也有歷史文獻、條約、法律、書信、命令等等。還有王室的經濟報表、房屋和溝渠建築的報告等等。

以上這些都是研究亞述帝國，乃至整個古代兩河流域歷史的重要資料。值得一提的是，這裡還收藏了文法書、辭典、參考書，以及類似百科全書的書籍。

在這所圖書館管理員指導下，所藏的泥版文書都按不同的主題排列著，也刻有主題的標誌。收藏室的門旁和附近的牆壁上還注明了泥版文書的目錄。對篇幅較大的泥版文書還做了一些簡單的介紹，有的還摘錄書中的重要部分。據推測，這個圖書館設有抄寫間，由二十名以上的書吏抄錄和管理泥版圖書。抄錄時遇到脫落和無法辨認的地方，就注上「破損」、「破毀」、「不明」等符號。

亞述巴尼拔的圖書館反映了當時高度發達的古代美索不達米亞文化，它的豐富藏書向國家官吏、神廟供職人員及知識分子等上層社會開放。這所圖書館對推進當時的學術發展起了很大的作用。幾乎沒有一本東方史書不提到亞述巴尼拔他建立這所圖書館的功績。

公元前六一二年，米底（Media）和迦勒底（Chaldea）聯軍進攻亞述都城尼尼微，將皇宮付之一炬，這所圖書館連同龐大的亞述帝國一道覆滅。幸而它的藏「書」是由泥土做成的泥版文書，所以長期隱沒在廢墟土堆中而不變形。如前所述，他的館藏經過二四〇〇多年的漫長歲月，終於在上個世紀得以重見天日。

最早的學校

人類最古老的學校到底是產生在什麼地方和什麼年代？這些學校是由誰設置的？它的情況怎麼樣？隨著楔形文字釋讀的成功，人們越來越深刻地認識到，在這些方面，兩河流域是居於前列的。

兩河流域最早的學校產生於何時，是學者多年聚訟的課題，近年來已能做出較有考古學根據的推測。

一九〇二～一九〇三年間，考古學家曾發掘出叔拉帕克（Shuruppark）城中的很多泥版。它頗像學校學生的作業。經鑑定，它是公元前二五〇〇年左右的遺物。所以有人認為學校出現在那個時代。

另外，法國考古學家帕拉（Andre Parrot）於三〇年代在兩河上游的馬里（Mari）城發掘出一所估計為公元前二一〇〇年左右的學校。

前蘇聯教育史學者沙巴耶娃則推斷，馬里學校是公元前三五〇〇年的建築，是人類最早出現的學校。

如果真是這樣，這所學校要比埃及於公元前二五〇〇年產生的宮廷學校早了一千年。當然，這還有待證實。

這所學校包括一條通道和兩間房屋，大間房屋 44×25 尺，小間只有大間的 1／3 大小。大間排列著四排石凳，每條可坐一人、兩人或四人，可容四十五人；小間排列著三排石凳，可容廿三人，很像學校課室。兩房四壁無窗，從房頂射入光線。房中沒有講課的講台或講桌，卻放著許多學生的作業泥版。牆壁四周的底部安放著盛有泥土的淺水槽，好像是準備製作書寫用的泥版。附近擺著一個橢圓形的陶盆，可能是儲清水以便和泥，製造泥版，或是放置書寫用具。地面上裝點了很多

・培養書寫人學校的圖象

亮殼，好像是教授計算的教具。

二次大戰後；具體地說，從一九四九年以來，學者們更從楔形文獻中看到許多關於學校的敘述，對於遠古學校問題的解決大有幫助。

例如，在尼普爾城發掘的泥版文獻當中，有稱道帝王振興教育的贊歌。作者自稱：「我從幼年起就進入學校，利用蘇美爾文的泥版書，學習文士的藝術。在所有的青年中，我比別人善於書寫。在智慧的聖地，人們練習文士的本領。我擅長加減計算及財政會計。」又如，在出土的家長給教師和教師給學生的信件中，也明確地提到學校，稱學校為「泥版書舍」。有的書信形容學校外臨市街，有學生出入的大門，還有校舍供帝王對學生問詢和考試之用。

另外，有的文獻還說：「閉著眼睛走進去，睜著眼睛走出來，解決之道在於學校。」意思是學校能把愚昧無知、不識文字的人造就成聰明、知文識字者。

因此種種，美國學者盧卡士（Christopher G. Lucas）在《古代美索不達米亞平原的文士學校》中說：「現在發現的古代學校教科書和其他考古發掘到的文物，都說明至遲在古巴比倫王國時期（約當公元前二〇〇〇年左右），兩河流域就誕生了學校；而且很可能比這早數世紀，已有學校存在於該地。毫無疑問，約當公元前十八世紀中葉，即漢謨拉比統治時期，培養文士的學校已盛行於全境；即從現在的巴格達向東南方向伸展，直到沙烏地阿拉伯為止，學校都出現了。盧卡士的結論可以說是最新的成果。

古代兩河流域的學校一般分為三類。一類是宮廷或政府機關設立的；一類是寺廟設立的；另外一類是文士設立的。這三類學校很可能同時並存，特別是在古巴比倫王國時期。其中以僧侶主持的寺廟學校最為發達。理由有二：首先，古代兩河流域在天文學、數學等學科方面，在建築、水利等技術方面，在雕刻藝術及文學方面，成就輝煌，以致被譽為「天文學和數學之父」。這些被奉為人類早期文化的瑰寶都掌握於寺廟之手。當時把知識視為神賜，非僧侶不敢享有，傳習這些知識也是僧侶的特權。其次，古代兩河流域人民的生活都受寺廟支配，政府很少出面管理。寺廟不僅是宗教生活的園地，還是經濟生活中的重要環節。自不待言，大家都明白，寺廟更是人民意識形態的塑造和控制者。

當時一般學校由校長、教師和學生構成。他們互稱「同事」，自稱為學校的成員。校長被稱為學校之父，是師生們敬仰的領袖。人們稱頌他：「校長你是塑造人性的上帝。」又說：「你又是我敬仰的神。你將我這不懂事的孩子培養成有人性的人。」有的還寫到：「他指導我的手在泥版上書寫，教育我好好行事和談論好的意見，教導我注視那些指示人們取得成就的規範。」校長造訪學生家長時，總被安排在最榮譽的座位上。人們崇慕他為「偉大智慧和知識的化身，富有卓識的文士。」教師，按直譯，為「泥版書舍的書寫者」。

文獻中曾載有「教授蘇美爾文的教師」、「教授計算的教師」、「教授測量的教師」、「教授圖畫的教師」等名稱。這表明那時教師已經分科任教了。文獻還提到僧侶、文士擔任教師職務，是壟斷文化的有學識、有地位的人。除了校長、教師之外，學校又設置監督，直譯為「泥版書舍的管理人」；按現在的話說就是：行政人員、非教學人員，職司維持學校秩序。還設有圖書館員、學生出席檢查員（負責考勤）、鞭責學生人員、校門看守人員……等等。這反映了當時有些學校的規模很大。

《吉爾伽美什》——人類已知最古老的史詩

巴比倫是人類文明最早的發源地之一，躋於世界四大文明古國之列，巴比倫文學在世界古文學史上占有一席極為特殊而重要的地位。十九世紀七〇年代發現的史詩《吉爾伽美什》代表了古巴比倫文學的最高成就，同時也是目前已發現最古老的一部史詩。

古巴比倫史詩《吉爾伽美什》主要取材於蘇美爾—阿卡德的神話傳說、歷史故事。史詩的主人翁吉爾伽美什是洪水之後，蘇美爾人創建的著名城邦烏魯克的第一王朝第五位國王，他執政的時間大約是在公元前二七〇〇～前二六〇〇年之間。

根據考古資料《蘇美爾王表》顯示，吉爾伽美什的名字被編入蘇美爾最古老的國王名錄。這證明他並不是一位純粹想像中的人物，同時也可見史詩是有一定的現實基礎的。

・吉爾伽美什

《吉爾伽美什》大體上是古代兩河流域神話傳說精華的匯集。從它內容的豐富性和複雜性來看，顯然不是出於一人之手，而是人民群眾集體智慧的結晶，是在口頭文學的基礎上逐漸發展定型的。據學者研究，這部史詩最初的編輯本可能是第四巴比倫王朝時編定的，最完備的編輯本則是公元前七世紀亞述國王亞述巴尼拔的尼尼微圖書館編定的。史詩共三千餘行，用楔形文字分別記述在十二塊泥版上。內容大致如下——

聰明而專橫的吉爾伽美什統治著烏魯克。「他三分之二是神，三分之一是人。」他憑藉權勢，搶男霸女，強迫居民為他構築城垣，修建神廟，害得民不聊生，因而激起了貴族和居民們的憤怒。詩中寫到——

烏魯克的貴族在〔他們的屋〕裡怨恨不已：
「吉爾伽美什不給父親們保留兒子，
〔日日夜夜〕，他的殘暴從不斂息。
……
〔吉爾伽美什不給母親們保留閨女〕
〔哪管是〕武士的女兒〔貴族的妾妻〕！

人們祈求天上諸神拯救自己。天上諸神便令大神阿盧盧（Aruruu the Great）創造一個半人半獸的勇士恩奇都，與吉爾伽美什對抗。恩奇都原為草莽野人，在神妓誘導下，來到烏魯克城。雙方經過激烈的搏鬥，不分勝負，於是相互傾慕，結為好友。史詩在這裡筆鋒急轉，吉爾伽美什從此走上為民除害的道路。

他倆結成了好友之後，一同出走，為人民造福，成為被群眾愛戴的英雄。他們先後戰勝了沙漠中的獅子，殺死了杉樹林中為害人民的怪人芬巴巴，又共同殺死了殘害烏魯克居民的「天牛」等等。其中，同芬巴巴鬥爭的場面及殺死「天牛」的場面，描寫得比較精彩動人。這一部分實際上是史詩的核心部分——它的整個情調高昂激越。可是，從這兒以後，調子就轉為低沉了。

吉爾伽美什和恩奇都的一系列行動觸犯了天神。眾神開始商量對他們倆的懲罰，決定讓恩奇都死去。於是，恩奇都患了致命的疾病，在患病之後的第十二天去世了。好友恩奇都的突然去世，引起了吉爾伽美什的悲痛。他回憶起與恩奇都一塊兒遠征的歲月，不禁感慨萬分，悲痛欲絕！

他在〔朋友〕跟前不停地徘徊？
一邊〔把毛髮〕拔棄散掉，
一邊拉去？摔碎〔身上所佩戴的各種珍寶〕。

吉爾伽美什感受到死亡的可怕，特別是神主宰人的命運之威脅，於是懷著探索人生之奧祕的願望，到遠方去尋求長生不老之術。歷經千辛萬苦之後，終於找到了可以使人長生不老的仙草。回國途中，他經過一泓冷水泉，便把仙草放在岸邊，下水淨身洗澡。這時候，有一條蛇被仙草的香氣所吸引，從水裡鑽出來，把仙草叼跑了。從此以後，蛇便能蛻皮以恢復青春，代替死亡，而人卻不能這樣。這個情節說明了當時人們相信世界上沒有永恆的東西，人的生死都由神決定。

吉爾伽美什沮喪地回到烏魯克城，心中依然充滿對死亡的恐懼。他召來恩奇都的幽靈，請恩奇都把「大地的法則」告訴他，但恩奇都只能夠向朋友描述永遠被囚禁在陰暗的冥國中的那些人處境的悲哀。吉爾伽美什的冒險就是以這樣一種令人沮喪的場面結束的。

《吉爾伽美什》是目前已知的世界文學史上最早的史詩，它成書於公元前二〇〇〇多年，比歐洲的《荷馬史詩》早了一〇〇〇年左右。它在世界文學史上占有突出的地位，不僅影響了西亞各民族的文學，也影響了希臘羅馬文學。

《蘇美爾王表》——人類最早的史書

最近幾十年的考古挖掘有一項重大的成果，它使得我們有可能去追溯遠在公元前三千年代後半期的兩河流域各國統一以前，其住民的社會生活情況，也使得我們知道了統治兩河流域的各國王朝的名錄。這一重大成果就是我們通常所說的《蘇美爾王表》。這些古典文獻是公元前二千年代初，用蘇美爾語，在伊新和拉爾薩兩國，根據在此兩百年前烏爾城編的名錄寫成的，是人類目前所知最古老的史書。

在這些王表中，充滿當時的各種傳說和神話，以致人們有時難以從中分清史實與傳說。但是，若能對這些文獻批判地加以利用，審慎地進行思考，終究是可以把這些傳到今天的王表作為確定蘇美爾最古歷史的大致年代之基礎。

蘇美爾關於最古時代的傳說，有些是非常荒唐而不近情理的，以至於幾乎沒有任何歷史意義。根據貝洛索斯〔Berossus，公元前三世紀的巴比倫祭司，撰有希臘文的《巴比倫尼亞志》（Babyloniaca）〕的記載，我們已經知道，巴比倫的祭司認為，他們國家的歷史有兩個時期！「洪水前」的歷史和「洪水後」的歷史。

智慧文學

除了各種詩歌以外，巴比倫人尤其喜歡智慧文學。他們用它來表達對世界萬物的看法，對生活的理解，對人生漂浮不定的嘲笑，真可謂生動活潑，一針見血。

下面是個例子，題為《正直而受難者的詩》，講的是像《聖經》中的約伯一樣具有忍耐精神的人。詩中主人翁的名字，現在我們已不得而知，只知道他在思考人性的脆弱和命運的不定——

一個朝生暮死的人。
一會兒憂鬱，突然又傷心。
一會兒為快樂而歡唱，
一會兒他又哭泣——一位悲哀者。
早晚之間，人的心情就會改變：
當人們吃不飽時，心情沮喪；
當人們吃飽時，又雀躍歡呼。
當一切順利時，人們只尚空談；

當萬事外錯時，又灰心喪氣。

這類作品在蘇美爾人中寫了很多，從不同的側面反映了兩河人的生活情趣。下面一些類似我們現在名人名言的箴言是蘇美爾人和巴比倫人對現實生活所做的總結。這些箴言是犀利的——並不總是用一種奉承的方式——像冷冷的解剖刀一樣，深入到婚姻、人生、金錢的各個方面——

一座城市中沒有看門犬，
狐狸就是監護人。
擁有許多白銀者是快樂的；
擁有許多大麥者是高興的；
但一無所有者則無憂無慮。

*

恭維一個年輕人，他會給你一切東西；
扔給狗一塊骨頭，它會向你搖尾巴。

*

在蘇美爾，沉默者是窮人。

*

寫作是雄辯之母，藝術之父。

*

聽母親講的話，那是良言。

*

好話，人人愛聽。

*

良誼瞬逝，權力永存。

*

結婚是件讓人高興的事；
三思之後，還是離婚的好。

*

過程是美好的，結果是讓人厭煩的。

*

妻子是一個人的未來；
兒子是一個人的慰藉；
女兒是一個人的解脫；
兒媳是一個人的剋星。

*

假如你向敵人宣戰，
敵人也會向你宣戰。

*

誰要像貴族一樣去做事，誰就會過著痛苦的生活；
誰要像奴隸一樣去做事，誰就會過著舒適豪華的生活。

*

對待敵人，就要像對待老朋友一樣有禮。

*

嘴巴張得太大，蒼蠅也會飛進去。

*

靠自己收入吃飯的人，說話有勁；
靠孩子收入吃飯的人，說話無力。

*

窮人死掉比活著強。
想吃肉就沒有羊了，
有了羊就吃不上肉了。

*

鞋子是人們的眼睛，
行路增長人們的見識。

可以想像，隨著亞述學的學者對古代兩河流域文明的深入研究，我們會知道更多的智慧文學。研究這一問題的重大意義也就在於使我們知道兩河流域留給人類的遺產到底有多少。因為在東、西方世界的現實生活中，許多文化現象都可以在兩河流域找到最早的「版本」（這其中也不可能排除古代不同的民族對同一事物有同一看法的可能性），據此我們可以追溯古代各民族的交往過程。

兩河流域的詩歌

在公元前廿一世紀，隨著烏爾王朝的結束，蘇美爾文學的黃金時代也告了一段落。但在那個動盪的時代，也產生了一些獨具特色的成就，其中重要的一項就是「哀歌」——一種表達哀傷的詩歌。後來，這種形式成為美索不達米亞文人所慣用的題材，並被希伯來人所借用。下面這首詩歌就是這一題材的典型，其內容是關於烏爾的保護神、月亮之神 Nanna 的妻子寧吉爾（Ningal）的——

噢！女王，你的心已到何方？
你怎麼還活著……
你的城垣已被毀滅，
你怎麼還活著……
你的城垣已成廢墟，

你不再是城的女王……
你的王宮已為暴民所取代——你再也不能住在裡面
你的人民已被屠殺——你再也不是他們的女王。

多數美索不達米亞的文學作品形式上是詩歌體裁，這主要是為了便於配合豎琴、七弦琴、鼓、鈴鼓之類樂器進行合唱。大多數作品是詩人們的自由創作，有一些顯然是為「聖婚」（這是美索不達米亞國王與代表愛神的人間妻子的一種婚姻）而作的。下面這首詩歌約寫於四千年以前，是這類詩歌中最好的一首，是一首描寫舒辛（Shu-Sin）王新娘的情歌。使人們驚奇的是，與這首想像力豐富的情歌相較，《舊約》中的〈所羅門之歌〉竟顯現出驚人的相似性。

新娘，讓我擁抱你，
我高貴的擁抱比蜜甜！
婚房中洋溢著蜜，
讓我分享你的美貌。
美人，讓我擁抱你，
我高貴的擁抱比蜜甜！
新娘，你會為我而驕傲。
告訴我母親，她會給你各種精美的東西，
我的父親，他會給你高貴的禮品。
你的靈魂，我知道怎樣使你的靈魂高興。
新娘，睡在我們的屋裡直到黎明，
你的心，我知道怎樣使你的心高興。
美人，睡在我們的屋裡直到黎明，
你，因為你愛我，

讓我祈禱，把你的擁抱給我。
我的高貴的神，我的高貴的保護神，
我的舒辛，他會使 Enlil 的心高興，
讓我祈禱，把你的擁抱給我……

不過，這時的詩人還不知道使用韻律。他們常用的寫作手法是重疊、排比、合唱和重唱、明喻和暗喻。他們的史詩也像希臘人的史詩一樣，有長篇對話、重複和再現。

音樂文化

人們從音樂發展史中窺見，古東方音樂早在公元前二〇〇〇年就形成了。位於亞洲西部美索不達米亞的兩河流域，蘇美爾人、阿卡德人和亞述人相繼創造了音樂藝術。

在兩河流域，音樂表演的場面經常被刻劃在印章、石柱及石板上，以文字和畫面對統治者歌功頌德。如在烏爾地區國王墓葬中發現的鑲嵌拼製的藝術作品〈軍旗〉中，就展示了伴有音樂和歌唱的宴會。在公元前二〇〇〇年初開始成套製作的陶俑和具有人像的陶製浮雕也大量記錄了音樂演奏者的形象。

對了解兩河流域的音樂最具有重要意義的考古發現要算是在烏爾國王墓葬中發掘出土的樂器了。雖不能說它們是美索不達米亞音樂文化最早的樂器，但也許可以說，它是保存下來的公元前三〇〇〇年最重要的樂器。在墓葬中發現了九架里拉琴的殘餘，其中五架可以修復。此外還有豎琴、吹奏樂器和對擊板。尤其是弦鳴樂器有如此的完美程度，不能不令人推測這些樂器已經歷了一個較長的發展階段。里拉琴和豎琴豪華瑰麗的

構造形式，一方面表明其擁有者的富有，另一方面也顯示出這些樂器的製造者那令人嘆為觀止的手工藝術技能。要製作具有金、銀和青銅的公牛頭飾，具有馬賽克彩石的鑲邊，又具有藝術性鑲嵌工藝極為複雜的里拉琴，製琴藝人必須掌握木材、金屬和寶石等方面的加工技藝，並須具有卓越的藝術才能，尤須掌握有關音樂和聲方面的豐富知識，以解決音響方面的種種疑難問題。

自公元前二七〇〇年以後，里拉琴的圖像就時常出現在印章及浮雕上了，而公牛形狀的共鳴箱可以說是蘇美爾里拉琴的

・里拉琴

典型特徵。顯然，弦鳴樂器在蘇美爾音樂文化中起著重要作用。

通過圖像，可以證明長笛也是蘇美爾人的樂器。在烏爾國王墓葬中，也出土了帶有指孔的銀質管狀殘片。有人認為這是一種雙簧管類型的雙管吹奏樂器。它的形狀與蘇美爾國王烏爾納姆之墳墓碑背面所描繪的一樣。此外，還發現諸如小號類型的樂器，小型框式鼓及對擊棒、對擊板和嘩啷器等樂器。

琉特琴——具有棒狀長頸和特小音箱的一種樂器，在阿卡德時期首次出現。在古巴比倫時期，出現了一種新的豎琴形式——三角豎琴，後傳入埃及和其他地區，成為頗為時髦的樂器。

從楔形文字的記載來看，早在蘇美爾國家的神廟中，音樂就已是祭神活動的基本組成部分，樂器被看成是神聖的祭器。職業樂師和半職業樂師開始出現，有神職樂師，也有宮廷樂師。音樂也是文士必學的知識。

《恩奇曼西和吉爾泥沙的爭執》談到了學習音樂的問題：「即使他有了樂器，他也不會學唱。他是同輩同學中最蠢笨的，他不能發出優美的聲音，不能唱歌，不能開口。」這反映出學生學不好音樂是會受人譏笑的。

烏爾第三王朝時期的一些文獻上一再提到在王室供職的樂師。從中我們可以了解到當時宮廷樂師具有很高的地位和很優厚的待遇。有意思的是，烏爾國王舒爾吉（Shulgi，公元前二〇九五～前二〇四八年）本人也是一個頗具音樂修養的人。在〈舒爾吉頌歌〉中，他誇耀自己的音樂才能時說：對他來說，凡是涉及音樂的，諸如作曲、演奏等等，都一點也不感到困難。他可以憑音樂平息心頭的怒火。他堅持不懈地練習演奏，並可以迅速掌握不熟悉的樂器，還可以自如地演奏弦樂、彈拔樂，吹奏管樂器，其多才多藝、音樂修養比樂師毫不遜色。

大量的歷史資料表明，美索不達米亞平原南部是人類最早進入音樂時代的地區之一。這地區的居民早已擁有豎琴、七弦的里拉琴和形制各異的鼓、橫笛、豎笛等形式繁多的樂器。其中，三弦豎琴首見於公元前三〇〇〇年，後來逐步發展到十多根弦的弓形豎琴。到了巴比倫—亞述帝國時期（公元前二〇〇〇～前五三九年），音樂文化有了顯著的發展，豎琴除弓形的以外，還出現了三角形豎琴，琴弦也增至二十多根。此外，奇特爾琴、喇叭、鐃鈸和鈴也相繼出現。聲樂上有不少讚頌神和英雄人物的歌曲。職業音樂家及廟宇裡專事音樂活動的祭司已經產生了。

從蘇美爾人的古蹟中，還發現當時已有記譜法。為了使曲譜不致失散和誤傳，他們用楔形文字把樂譜寫在泥版上。這時音階體系已形成，在公元前十五～前十二世紀便存在自然七聲音階，公元前八、前七世紀已使用十二音和十五音音列。

顯然，東方古國迷人的音樂旋律撥動了音樂家的心弦，他們以精湛的創作技法，架起了東西方音樂藝術的橋樑，開放了一朵朵絢麗多姿的音樂之花，為西方音樂的發展大放異彩，使東方音樂的彩虹更加光彩照人。

Chapter 6
建築篇

巴比倫——千古名城

千古名城——巴比倫！

巴比倫，在西方家喻戶曉。就像我們中國人都知道長安、洛陽是我國古代的名城一樣，西方人都知道巴比倫是古代世界最著名的都城。人們形容某個都城如何繁華富麗，往往就拿巴比倫和它相比。如果它真能和巴比倫相媲美，那它就是一個了不得的世界第一流的都市了。舉一個例子：在大家所熟悉的西方著名小說《基度山伯爵》中，當寫到基度山向巴黎告別時，作者就無限感慨地稱巴黎為——「現代巴比倫！」確實，拿巴比倫和巴黎相比，在西方人看來，是最恰當不過的了。由此我們也可以說，如果巴黎是現代的巴比倫，那麼，巴比倫就是古代繁華似錦的巴黎了。

巴比倫遺址坐落在巴格達以南九十公里處。「巴比倫」的原義是「上帝之門」。這個城市約在公元前四〇〇〇年便由蘇美爾人建立。後來，兩河流域各個地區統一形成古巴比倫王

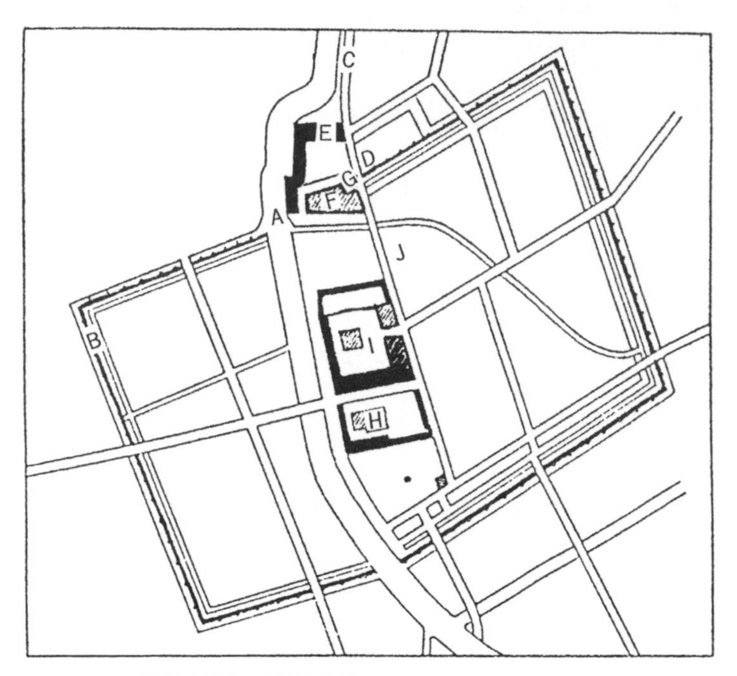

・巴比倫城平面示意圖

・A：幼發拉底河；
・B：巴比倫城牆；
・C：聖道；
・D：伊絲達門；
・E：北宮；
・F：南宮；
・G：空中花園；
・H：馬都克廟；
・I：巴比倫塔樓；
・J：伊什塔爾廟。

國，它便成了王國的首都；其後一直是兩河流域最大、最繁榮的城市。後來，古巴比倫王國的最後一個王朝第四王朝為亞述人所滅，巴比倫城遭到了極大的破壞。亞述人的首都也隨即遷至底格里斯河上游東岸的尼尼微。嗣後，亞述王國被閃米特族的迦勒底人所滅。迦勒底人奪得政權後，又在巴比倫建立了新

・巴比倫城遺址

巴比倫王國，並對老城進行了大規模的擴充和改建。在新巴比倫王國之後，巴比倫城又相繼成了波斯帝國和馬其頓帝國的新都。公元前三二三年，亞歷山大大帝病死，其帝國也隨即一分為三，其中的塞琉古王國於巴比倫古城附近新建了塞琉西亞都城；後來，安息王國（亞洲南部的古國）在其旁建泰西封城；阿拉伯帝國的阿拔斯王朝在附近又建了巴格達城。從此，巴比倫古城便不再有人居住。我們現在看到的巴比倫城遺址上井然有序的古城街道、城牆、廟宇和宮室，是考古學家、人類學家和地質學家多年來共同努力的結果。

現在一般所談論的巴比倫城，是指新巴比倫國王尼布甲尼撒二世擴建後的新城，而不是古巴比倫國王漢謨拉比時期的舊城。原來的舊城遺址地處幼發拉底河東岸，呈一近似的正方形；擴建後的新城，除了保留舊城遺址之外，還一直延伸至幼發拉底河西岸，呈一東西長、南北窄的近似長方形，但城市的主要建築仍分布在河東。

巴比倫城的主要建築物都是沿幼發拉底河東岸由北而南布局。城市中心偏北方向是全城的繁華區。城內交通四通八達，通衢大道相互垂直，縱橫交錯。城內的主要街道，路面鋪以彩色條石，並以柏油加固，中央是白色和粉紅色，兩邊則是紅色。因此，路面不僅平整堅實，而且美觀。巴比倫的北門——戰神伊什塔爾神門和通過該門的隊列街是全城最壯觀的城門和街道。沿隊列街由北向南，分布了全城的核心建築物，它們是：北宮苑、南宮苑、巴比倫塔和馬都克大神廟。

面對這些古蹟，人們不禁回想起古希臘歷史作家希羅多德那段著名的描述——

> 這座城市坐落於一片大平原，形狀是方形的……它的面積如此巨大，它的氣派也是我所知道的其他任何城市難以比擬的。它的四周有一道既寬且深的護城河，河裡積滿了水；護城河後面又是一道厚達五十王家尺、高達二百王家尺的城牆……他們起初用磚砌護城河的河岸，然後用同樣方式修築城牆。他們把燒熱的瀝青當混凝土使用，並在每隔三十層磚的地方加上一層蘆葦編的席子。沿著城牆的兩邊，他們修建了互相對峙的單間房屋，房屋之間的大道上可以奔馳四馬莽的戰車。四面的城牆總共有一百座城門，它們全是青銅的，即使是柱與楣也不例外……外面的一道城牆是城市的「鎧甲」。裡面還有另一道城牆；這道城牆比外城薄，但它的牢固程度毫不遜色。
>
> 我們現在看到的城牆遺跡雖然只有地基和殘存的牆根，卻可以由此推斷出當時巴比倫城的規模確實和希羅多

・巴比倫城門

・巴比倫城牆

德在兩千年前的描述差不多。根據考古發掘，巴比倫城的外圍城牆，厚度七・八一米，用燒磚和瀝青砌築；離外牆約十一米遠又有一道內牆，厚度七・一二米；有些地方還有第三道牆，厚度三・三米。內牆每隔四十四米有一座塔樓，這樣的塔樓全城共有三百多座。城牆距城中心約有二千四百米，每邊長約三、四千米，繞城一周，全長約十三・二公里。此外，護城河還設有一套複雜的放水機關，當敵軍臨近時，可以放水淹沒周圍山地，使敵人難以接近。而且，堤岸上闢有多處碼頭，平時便於人們搭船擺渡或環河游覽。真是軍民兩便！

下面就讓我們通過伊什塔爾門，沿著隊列街，逐個兒領略一下這些建集物的風光，細細體會一下古巴比倫的智慧吧！

「空中花園」

巴格達在古代曾與中國唐朝的京城長安、拜占庭帝國的都城君士坦丁堡一起被並稱為「世界三大名城」。在現今巴格達以南九十公里的地方，就是曾經蜚聲世界、名震寰宇的古城巴比倫遺址。巴比倫在阿卡德語中是「神門」的意思。它始建於公元三〇〇〇年，原先是一個依河聚集的小村莊，經過五、六百年的建造與發展，日趨繁盛，成為古代世界的一座著名城市。希臘著名歷史作家希羅多德到此一遊之後感慨萬千，在其名著《歷史》一書中，詳細描繪了巴比倫城的繁盛情況，並稱其「壯麗勝過世上任何城市。」

公元前六世紀後半期，尼布甲尼撒二世建造了新巴比倫城，城牆長約十二·二公里（編按·前一節謂其周長十三·二公里），主牆建有塔樓三百多座，刻有浮雕的占了六分之一強。城門高約四米，寬二米許，上部呈拱形狀，兩側與城牆相連。門內外牆上繪有黃、棕兩色的神龍、雄牛、雄獅圖案，神態逼真，色彩絢麗，生趣盎然，栩栩如生。

巴比倫城內街道縱橫交錯，平整坦直，大多用大塊磚和天然瀝青鋪築而成。莫卡卜大道是城內的主要通衢，寬敞筆直。大道兩旁房舍毗連，錯落有致。著名的南宮就坐落在莫卡卜大道西側。它長約三百米，寬為一九〇米，由五個景色雅致的庭苑組成，每個庭苑皆有大殿環繞，諸宮錯落其間。舉世聞名的

·空中花園

空中花園就在南宮的東北角。

空中花園又名「懸苑」，係新巴比倫王國國王尼布甲尼撒二世為愛妻所建。相傳，國王娶波斯公主賽米拉米斯為后，公主年輕貌美，懷戀故鄉的綠水青山和繁盛的草木，終日鬱鬱寡歡。尼布甲尼撒為博得美人一笑，不惜拋擲千金，興建一座空中花園，給王后消愁解悶。

空中花園始建於公元前六世紀。它採用立體疊圓的建築手法，在高高的穹形台基上分層疊造，層層遍植奇花異草，並設有供灌溉之用的水源和水管，遠望宛如一個飛來峰式的花園橫空出世，高懸於白雲之間，故稱「空中花園」或「懸苑」。

這座美麗的建築物呈方形，邊長約一二〇米。它是一層又一層的陽台式建築，總高度為廿五米。每一層陽台都被下面若干磚砌巨柱支撐著。這些柱子都很高，支撐最高一層的柱子竟高達廿三米。每層在直接受到磚柱支撐的部分排列著一排四米多長、一米多寬的石塊，在這些石塊上面鋪了一層蘆草和瀝青的混凝物，再往上鋪著兩層熟磚，最後再覆蓋一層鉛板。這樣做的目的，主要是為了防止上面的水分滲漏。由於堆積在這幾層上面的是厚積的土層，水分又不易滲漏，因此，即便是最大的樹木也能生長得根深葉茂，鬱鬱蔥蔥。種植其上的各種奇花異草，一年四季，百花爭妍，芳草如茵，一派美麗風光，令人心曠神怡，樂不思返。

另外，設計上的巧妙構思，也充分保證了這些花草樹木獲得充足的光照和水分。如每層支柱的位置選擇得十分合理，互不遮擋，這就使得每一層上的植物能夠獲得足夠的陽光。更有趣的是，有一根空心柱子從建築物底部直通頂上，內有唧筒，用來從幼發拉底河抽水，澆灌花苑——這是一種十分先進的原始的供水塔。

可惜的是，這座凝結著古巴比倫想像力和創造力的偉大建築在公元前三世紀遭到毀滅，迄今已蕩然無存。人們只能根據古人的描繪而加以想像了。為了重現這一人間奇蹟，研究人員做了不懈的努力。

由於古巴比倫城遺跡早已變為山丘，所有的文字史料和物質資料都被埋在深土之下，有關這座建築的描述，主要見於希臘史家戴奧多拉斯等人的著作，上述所勾畫的建築輪廓即是由此而得。至於空中花園的真實面貌，還有待人們的進一步挖掘與研究。

二十世紀初，德國考古發掘隊在發掘古巴比倫王宮遺跡時，在王宮的東北角發現了一處十分奇特的建築遺址。其大體呈長方形，擁有拱形屋頂，內有房間十四間，分成兩排，每排中間有一通道，通道兩側的房間一間間隔道相對。此外，考古學家還發現，這組建築遺址的西牆有三條彼此緊靠的垂直坑道，正中間為方形，其餘兩個又細又長。據推測，這很可能是一種汲水機械設備的遺址。他們還發現，這座建築物曾使用了大量貴重石材，屋頂沉重且含有濕氣。這些情況與古代學者和楔形文字中有關空中花園的描述甚為相像。主要發掘人哥德瓦確信，這裡就是傳說中天方夜譚般的空中花園的遺址。

研究者根據古代文獻資料和考古挖掘的材料為依據，對空中花園的建築結構和樣式做了進一步的分析判斷，並繪出了一幅又一幅復原圖。現在，一般人承認的復原圖對空中花園的描繪是：這座基底呈方形的階梯式多層建築，層層升高，又層層縮小，外觀呈梯形。基底的面積約一二六〇平方米，高約二二．五米，因此，其實際規模恐怕比古代史家的記述小一些，並非龐然大物。此外，每一層都由堅固的磚砌彎拱支撐，上面栽有樹木花草。這些植物每天都得到設於最高層的貯水池的水灌溉。貯水池的水是通過唧筒供應的，唧筒通過設在建築物底部的水井，將幼發拉底河的河水汲上來。

古巴比倫的空中花園雖然沒有金字塔那樣氣勢宏偉，但它以精美的構想、豐富的想像及獨特的防漏水和灌溉技術而聞名於世，被稱為古代七大建築奇蹟之一。

通天塔

在兩河流域內定居的古代西亞各民族中，巴比倫人所取得的成就是最引人注目的。古巴比倫王國時期英名蓋世的國王漢謨拉比的功績當真是名垂千古；而新巴比倫王國時期，傑出的君主尼布甲尼撒二世在對外征討，擴大疆域，對內建設，重振基業這兩方面的功績，都可與他的先祖漢謨拉比相比，他的名字與他建造的巴比倫「通天塔」、「空中花園」等著名建築更是緊密地聯在一起。

在尼布甲尼撒二世統治時期（約元公前六〇五～前五六二年），巴比倫城是西亞地區最富足、最繁華的城市。尼布甲尼撒二世為了顯示他的榮耀和尊嚴，在城市建築布局上極力突出宏大的氣魄和奢華的風格。聞名遐邇的「通天塔」就是巴比倫古城氣勢雄偉的建築群落的組成部分。

巴比倫通天塔是城中最高的建築物，它傲然挺立，氣勢雄偉。據考古發掘實測，塔身高度為九十八米（上層結構已完全塌毀），塔基為四方形，每邊也長九十八米。雖然比埃及大金字塔還矮了一些，在西亞卻是最高的摩天大塔了。塔共有七層，最下層為黑色，往上依次為橘紅、紅、金、黃、藍、銀白各色，表示七星（日、月、火、水、木、金、土），色彩絢

・通天塔

麗，顯得富麗堂皇。塔頂上還建有四角鍍金的小廟，廟中供奉著馬都克神的金像。據希羅多德記述，通向塔頂神廟的階梯並非垂直落下，而是建成一螺旋形的通道環塔而上，中間還設有座位，供敬神者休息。當時設計者的精細足見一斑。它與美索不達米亞地區的其它廟塔一樣，都具有塔分多級，上有神廟這一特徵。

有趣的是，古代瑪雅金字塔的造型竟也與此相似。雖然多數學者認為這純屬巧合，但也有少數學者據此提出巴比倫人可能去過美洲，並向那裡的土著傳授了建塔設計方案之說法。

通天塔原名「巴別塔」。巴別塔在巴比倫語中原意為「神」，此處兼指馬都克神和巴比倫城，因巴比倫一詞的原義也是「神之門」。據猶太傳說，巴比倫民眾有心高築此塔，直至與天比高，為人間修一可通天堂之路。上帝害怕此舉成功，遂令築塔的民眾說不同的語言。語言變亂，眾心不齊，巴別塔終於不能通天。通天塔還有一個名字叫「埃特曼南基」，原意為「天地的基本住所」。可見，通天塔與當時其它神廟相比，具有相當高的地位。

據傳，在古巴比倫王國時期，就曾有幾任君主先後建造和加修過這座塔寺。但公元前六八九年亞述王率兵攻陷巴比倫城時將塔搗毀。新王國的開國君主，尼布甲尼撒二世的父親那波帕拉沙登位後，重新開始修復工作。但據尼布甲尼撒二世撰寫的一段銘文來看，當時塔寺只建到十五米高處，塔身的大部分和塔頂神廟的修建工程都是在尼布甲尼撒二世親自督辦下完成的。這位君主說，他曾用黎巴嫩運來的雪松木作為建築材料，並以鎏金裝飾塔頂神廟，使眾神之主馬都克的廟堂熠熠生輝，燦爛奪目。尼布甲尼撒二世曾以「加高廟塔，與天齊肩」為建塔宗旨，從中不難想見剛落成時廟塔的偉岸身姿和雄渾氣勢。「通天塔」的稱號大概就由此而來。據說，建造這項巨大工程，僅用磚就將近六千萬塊。有了這些傳說的渲染，這座塔也就成為古代西亞最著名的建築。

遺憾的是，這座古代著名的建築奇蹟一再遭到厄運，沒能夠保存下來，讓後世之人一睹其風采。前五三九年，巴比倫城被波斯軍隊攻占之後，通天塔就被廢置一邊了。荒廢既久，附近居民經常去那裡取石拆磚，營造私房，致使這座建築受到極大的破壞。即便如此，希臘史學家希羅多德在公元前四六〇年遊覽巴比倫城時，還看到了通天塔基本結構未被毀壞的壯觀景象。到了公元前三三一年亞歷山大帝再次攻陷巴比倫城時，通天塔已完全塌毀，成了一片廢墟。據說，亞歷山大為了紀念自己的武功，曾有意重建此塔。可是，據估算，單是清除地面材料，就需要動用一萬人，費時兩個月。由於工程浩大，亞歷山大含憾長嘆，放棄了這個念頭。

今日慕名前往巴比倫通天塔遺址的參觀者所能看到的僅是曾支撐起通天塔那高大、沉重之軀體的巨大方形地基。四周長滿了野草，荒漠而淒涼。面對這匯聚著數千年前古代建築文明沉澱物的深溝大壑，人們內心的失落、惋惜、惆悵和感嘆是難以言喻的！在神往於巴比倫昔日輝煌成就的同時，不少人也在考慮這樣一個問題：古巴比倫統治者修建通天塔，究竟是懷著什麼目的？

十九世紀的考古學家曾經在城內遺址中散存的許多磚片上，發現普遍刻有這樣的字樣：「尼布甲尼撒，巴比倫的國王，眾神的護衛者，那波帕拉沙的兒子，巴比倫之君。」毫無疑問，這顯然是為了顯示他本人的榮耀和威嚴，並讓後世知曉他的名字。這一點是為大多數人所接受的。

還有一些學者從政治的角度考慮，認為尼布甲尼撒二世大修通天塔，把馬都克神廟建得高高的，是為了表示對巴比倫神廟祭司集團的尊重，以取得這一部分人對王室政策的支持。他的這一作法是極為成功的，在他執政時，富有社會影響的神廟祭司集團都聽命於他。而後任君主因不注意與宗教集團的相互關係，世俗統治便十分被動，甚至處處受到神廟祭司集團的抵制和對抗。

但也有一部分人從非政治目的，對通天塔的修建提出了他們的看法。

公元前一世紀，希臘史學家狄奧多勒斯曾認為，通天塔是一座天文觀測台。因為美索不達米亞人的天文知識非常豐富，又懂得複雜精確的計算，巴比倫通天塔之所以造那麼高，是為了便於將神廟作為天文觀象之地。這種意見，在一部分當代學者之中得到了支持。他們還注意到在埃及金字塔、巴比倫通天塔和瑪雅金字塔等古代高層建築中普遍存在著天文觀象這一建築設計的實際功能。這些學者還試圖找到古代不同文明地區在建築學和天文學方面彼此交流和相互影響的證據。當然，目前這一研究還缺乏實質性的突破和驗證，其中推論的成分比較多。但這一研究趨向對於探討古代各文明地區不同民族間的交往，無疑是有益的。

石獅

獅子被譽為「百獸之王」，它頭披捲毛，昂首挺胸，四爪強勁有力，盛氣凌人，大有不可一世之勢。所以，在我國古代，許多宮殿、府第、寺院，甚至普通住宅，都用石獅子守門，以壯威觀，同時給整座建築物增添了無限生氣。後來，就是在門枕石、門楣、檐角、欄杆等建築部位，也雕刻了姿態各異的石獅子，成為古建築不可缺少的裝飾。

其實，就兩河流域而言，早在蘇美爾時期，那裡的神廟門前兩側就有看門的獅子雕像了。不過，這時的獅子是木製的，外塗一層瀝青，再壓沾花紋銅片，眼睛及伸出的舌頭均用彩石鑲嵌而成。

但是，和兩河流域南部沖積平原的蘇美爾—巴比倫地區不同的是，亞述是山區，石料易得，加上接受了小亞、敘利亞一帶的建築善用石材的影響，於是在兩河流域傳統的宮室建築中引入石材裝飾的制式，形成了亞述建築的特點。

亞述人在宮城大門和宮殿大門兩邊牆上安置石刻的巨型浮雕守護神像。這種神人頭獅身牛足，有時還附有雙翼，雕在門內牆上，遠看如兩隻守門的大獅子。浮雕刻得很深，正、背和外側面都以近似圓雕的形式刻出，看起來猶如緊貼門邊的立體形象。這種守門神獸的雕刻是從赫梯學來的，赫梯又是從埃及學來的，因為埃及神廟早就有在門前放置人面獅身的斯芬克斯像之例，不過，赫梯把它從門前石像變成了門邊牆上的浮雕形制。

由於亞述的提倡，它日後一直流行於波斯和中亞的建築式樣中，並慢慢發展為門前立雙獅的體制。後來又傳到印度。由於佛經對獅子的推崇，佛教便接受了它。於是，在人們心目中，獅子成了高貴的「靈獸」，可「驅魔除邪」。隨著佛教在我國的傳播，這種石獅體形也傳到我國，這就是我國廟堂宮殿，甚至官邸大宅門前都立兩隻石獅的由來。

亞述的驛道

世界上第一次用石塊和磚（若干路段甚至用瀝青）鋪設的驛道是從亞述開始的。

亞述強大後，經常對外用兵，隨著被征服地區的擴大，各地的聯繫也日益頻繁。這樣，無論是從軍事行動上，還是從行政聯繫和商旅的通行上考慮，都需要一組交通方便的驛道網，把首都同各個地區聯繫起來。因此，在亞述，軍事或商業道路縱橫交錯，十分發達。從亞述國王薩爾貢二世的城堡通往幼發拉底河谷的大道是一條高水平的道路。卡拉赫堡壘的宮廷地面鋪有瀝青，上面至今還保留有亞述戰車的痕跡。四通八達的道路，使亞述有可能同所有被征服地區和行省保持密切聯繫。道路修築的技術很高。自稱是「國家道路之開拓者」的提格拉特·帕拉沙爾一世（公元前一一一五～前一〇七七年）為自己的車輛和軍隊的通行所修築的庫穆克大道，其遺跡至今猶存。阿薩爾哈東（公元前六八〇～前六六九年）國王恢復巴比倫後，在其銘文中寫道：「我開闢了它通向四方的道路，以便巴比倫人利用這些道路，自由地同所有國家進行聯繫。」

在修築道路的過程中，遇河必然要架設橋梁。亞述人築橋技術也很高，他們主要架設木橋，有時也架石橋。在幼發拉底河上建造的石橋，至今還保留了七個橋柱的遺跡。

大道兩旁，每隔二十公里建有一個驛站和一眼井。從亞述到小亞細亞的道路上設有許多驛站。在這裡，國王的急使換乘馬匹，不停地把國王的公文從尼尼微送往亞述帝國的各個地區。為了傳達重要消息，還利用火光（篝火）信號。通往荒漠地帶的道路設有衛兵保衛，以免遭到破壞。為了保障帝國境內道路的安全，在較大的居民點和村落，有官吏主持驛站工作。他們負責檢查道路的安全，保障使節和信件的來往。假若由於驛站官吏的過錯，五日內拖押了信件，可立即向國王提出控告。後來，波斯帝國的驛道制度就是在亞述驛道建設的基礎上進一步發展擴大的。從波斯帝國首都蘇薩到小亞以弗所的所謂「御道」，全程二四〇〇公里，每二十公里設一驛站，國王的命令，七天即可從蘇薩傳遞到小亞沿岸。這是一條最長的驛道。除此之外，還有一些大道。

驛道的修築和驛站的設置不僅為軍隊的調遷、輜重的運輸及行政聯繫提供了方便，池有利於商業貿易的發展。商人們廣泛地利用這些道路，在帝國境內從事貿易活動。

Chapter 7
工藝篇

絲綢之路上的工藝師

生活在兩河流域的是一些健壯尚武的民族，他們之中：有的長年遊牧，善於狩獵；有的長年農耕，勤勞樸實；有的長年航海，敢於冒險。兩河流域人都富於幻想，個性浪漫，編造了許許多多神話故事；兩河流域人又都非常現實，一切造化都圍繞著今世人的生活富足和美好追求，而不像埃及人那樣，把一切都獻給莫須有的來世。

兩河流域地處歐亞經濟文化長廊——未來的絲綢之路上，環境培育了這裡的人勤勞機智，貿易與交流又促使他們比又差異甚巨的東西方文明及其交流活動，把兩河人造就成雙重乃至多重氣質的民族。幾千年不停頓地伸開雙臂，把歐亞大陸東西兩端的各式文明及其物產迎來送去。豐富無兩河人豪邁又粗獷，是燒磚能手、建築大師、「穹窿」房屋的發明者；兩河人粗獷而愛美，是金銀藝匠、鑲嵌專家、首飾工藝師。

兩河流域缺少山石，搞不了埃及那樣的大型雕刻，美術家只好憑藉貴重小巧的金、銀、牙、玉等物質材料施展才華，在陶土工藝上展露智慧。

像所有民族的文明之始一樣，由實用陶器發展出的彩陶成為兩河最早的工藝美術品。兩河獨具特色的陶製品是從公元前五〇〇〇年起就流行的一種圓柱陶質印章，它的側壁有各式浮雕畫面。製作方法是製陶過程中，將濕泥柱在刻好的凹版上滾動壓印，形成一條連續不斷的花紋圖案。圖案內容常常是互相交織而對稱的動物和神獸形象。

〈牧羊人餵羊〉便是一幅表現勞動生活的陶印浮雕畫面，羊與人的造型既有裝飾圖案化的特點，又有真實生動性。

用不同質與色的材料在木板器物上精心鑲嵌出奇妙美麗的紋樣圖案及具有情節性的各式畫面，是兩河藝術自古以來的一大特徵。

烏爾出土的一件名為〈軍旗〉的木板鑲嵌畫，具有非常可貴的文物考證價值。這是烏爾第三王朝時的早期作品。上面有激戰搏鬥、凱旋歸來、掠奪奴隸、奉獻貢品和歡宴慶賀等各種場面，主要是為統治者歌功頌德，宣揚早期王國的強大與昌盛。「軍旗」最上一排是描繪烏爾王巡視戰利品的場面。他手拿長矛，在全副武裝的士兵陪伴下視察戰俘。第二排是描繪戰鬥的場面，士兵和將領們手舉盾牌和刀劍，正在與敵人格鬥。第三排是幾輛全副武裝的古代戰車飛馳在戰場上。「軍旗」的背面描繪著載歌載舞，歡慶勝利的盛大宴會場面和通過戰爭掠奪來的牛羊牲畜及大批戰俘。為了表現這種內容豐富的場面，古代藝術家用了分段的平面裝飾手法。他們把人物、動物、器皿等全部圖案化，緊湊地安排在有限空間裡，其構思與構圖表現出很高的水平。一塊小小的木板有如此多的形象容量，證明了兩河流域在近五千年前已有技藝相當高超的工藝師。

兩河流域的古代工藝美術品雖然到處都有出土，但在烏爾地方出土最多。一九九二年，在烏爾城附近先後發現了四五〇多座王陵，大部分都有地下墓室。室內有各式陪葬品，多是一些用金、銀、寶石為材料製成的小巧精美的工藝品，如大小不等，形狀各異的金樽、金碗；還有一把金質匕首配有用牛筋編織成精密圖案的外套，把柄上嵌有閃光的寶石。在某王陵墓葬中還發現了一個金頭盔，嚴密得體，規範整齊，做工精細，代表了蘇美爾工藝師的精湛技藝。這個金頭盔也是迄今已有五千年之久了。

以金為主，外加寶石鑲嵌的各類首飾用具，在烏爾王陵中大量發現。除了金製器物外，還有更多的其他工藝製品，如用銀、銅及幾種金屬合製的成品。比如一只銀戒指上鑄一銀馬造型，一條金項鍊中嵌有紅寶石。尤其有一小山羊造型，方形木座由貝殼嵌成圖案，樹枝用純金打製，山羊的頭與眼為金質，背部羽翅用貝殼與藍寶石鑲拼而成。像這類由幾種材料綜合製成一物的工藝技法，與兩河流域神話信仰中善於將禽獸中的幾種動物合為一體的傳統相一致。

兩河流域正處於絲綢之路上。自古以來，兩河人望著埃及的巨大金字塔和獅身人面像，可是「心有餘而物不足」是物料不足，非力不足也！平原泥土的環境逼迫他們去製造具有自身特色的工藝品，北方山區為他們提供了珍稀礦藏，去製造豐富多采的工藝品，富於想像、精於磨煉的兩河人在長年的藝術實踐中，為自己培育出無數技藝超群的工藝師。

犁的發明

最初的犁結構很簡單，用一棵小樹製成。樹上只留一根樹枝，在樹幹的三分之二處向外突出；樹枝上的枝椏全部砍去，頭削得尖尖的。樹幹的上端繫在兩頭牛身上，下端由把犁人扶著；當牛拉樹幹時，突出的樹枝便入地翻土。這一原始的發明物用來耕犁中東半乾旱的沙土時，效率還是滿高的。因此，到公元前三〇〇〇年時，已在整個美索不達米亞和埃及普遍使用，並傳入印度；到公元前一四〇〇年時，還傳入我國。牛拉犁的意義就在於，人類首次能利用自身體力以外的力量做動力。從這一種意義上說，犁是蒸汽機、內燃機、發電機和核子反應爐的先驅。

圓柱印章

圓柱印章是蘇美爾文明傳統的三項傑出成就之一（另兩項是塔廟式建築、楔形文字）。所謂「圓柱印章」，就是在圓柱形小石塊（材料多取名貴石料，最受重視的是來自阿富汗的青金石）的表面上刻以陰文，在膠泥上滾轉以留下印記的一種印章。其形成與用途為埃及與印度等地區所效法。

目前所知的最早的圓柱形印章屬於公元前三四〇〇、前二九〇〇年（烏魯克文化時期）。印章的內容豐富多樣，有幾何圖形的、有符咒圖案的、有動物圖案的、有日常生活場景的，還有宗教信仰或神話故事的。這些內容或一行一行排列著，或圍繞一個軸心對稱分布。有些印章中，人物刻畫相當精緻。從印章的用途上看，剛開始可能是作為護身符一類的東西，後來

・圓柱印章、右為展開圖案

當作私有財產的標記。

到了蘇美爾時期，圓柱印章得到迅速發展。這一時期，印章上主要反映蘇美爾的神話、宗教等內容。如有關吉爾伽美什的傳說：吉爾伽什被看作是一個擁有不可戰勝之威力的英雄。印章上經常刻劃吉爾伽美什同傷害家畜的猛獸進行搏鬥的情景。畫面總是刻在一塊長方形的範圍內，畫面之間用鏤空的花紋連接。有時，花紋本身可能就是印章主人的名號。

圓柱印章藝術發展到阿卡德王朝時期，可謂進入一個全盛時代——無論是題材的豐富性，還是鐫刻工藝的精美程度，都超過了以前的時代。蘇美爾傳統的神話題材在阿卡德印章上繼續得到體現，吉爾伽美什及其功績依然是主要題材之一。但在另一方面，藝術家開始嘗試把現實主義手法與豐富的想像結合在一起，想像力極為豐富的神話故事出現了。其中最著名的是牧人埃塔那（Etana）的故事：他的羊群患了不孕症，於是他乘著雄鷹飛向天空，去探尋生命的奧祕。地上萬物望著凌空翱翔的埃塔那，都驚呆了……畫面雖小，畫面中的形象卻真真切切。此外，藝術家在塑造人物和動物的軀體時，比以前有了更強的體積感，更加強調地表現出身體的肌肉。

圓柱印章的流行是私有制發展的標誌。這種印章以表明物主的標記壓印於瓶罐、箱櫃、門窗的封泥上，既是私有制的證物，也廣泛用於商業貿易。由於這種特殊的印章在日後的蘇美爾、巴比倫時期都很流行，卻不見於古代東方的其他文明，它便成為顯示兩河流域文明的主要物證之一，按其蹤跡所至，可以找到兩河流域和世界各地之間文化與商業的聯繫。

交通工具

從考古學分期的角度看，西亞地區最早的交通工具問世，可能在有陶新石器時代早期。在這一地區，曾發現木製的船形容器製品（約公元前七一〇〇～前六三〇〇年），這種木質船形容器製品如果確是取形於當時的木船，那麼，它便標誌了那個時期西亞地區已出現交通工具木船。在此之前，人類的行近走遠，可能都全憑腳下功夫。新石器時代是西亞交通工具的濫觴期，直到青銅器時代，交通工具才呈現出發展興盛的局面，陸續出現了雪泥橇和各種車子，以及騎乘等等。

舟船——這種獨木舟船的製作和使用，從銅石並用時代直至整個青銅時代都十分盛行。幼發拉底河、底格里斯河及其支流充足的水資源，為舟船的應用和發展提供了良好的水路條件。此外，優越的瀕海環境，更為航海舟船的發明和利用提供了條件和機會。

在埃利都・歐貝德文化晚期的墓葬中，曾發現船模型隨葬品。這種帆船模型，中央有豎立桅桿的插孔。帆船的發明與利用，無疑是對獨木舟的一個重要變革。埃利都帆船模型的發現，標誌著當時造船業已取得進一步的發展；風帆在船上的改革，應用，則暗示著海船活動的出現。從歐貝德文化時期開始，至公元前八〇〇年左右的整個兩河流域，利用舟船這種交通工具的習俗十分盛行。舟船乘具不僅廣泛應用於江、河航行，更重要的是逐漸廣泛應用到海路航行。海路航行的出現和成功，事實上也是造船技術迅速發展、造船技藝水平高超的證明。

雪橇和泥橇——雪橇是一種陸上交通工具，通常應用於冬季冰雪地上；泥橇主要是指在沼澤地帶使用的小橇。兩河流域橇的發明與利用略晚於獨木舟而早於帶輪的車子。就目前的考古資料所知，至少在公元前三五〇〇年前後，用橇的習俗便在兩河流域地區流行。烏魯克伊安納神殿出土的圖形文字「橇」，是一種帶篷有輿的橇形器實物象形。

這是兩河流域最早的陸路交通工具形象。它表明，在公元前三五〇〇年左右，兩河流域便已出現了最早的陸路交通工具——橇。此後，橇這種適用於冰雪地和沼澤地上行走的交通工具，在整個青銅器時代都持有與舟船、車子大致等同的廣泛流行性，在人們的行走生活文化上占有重要的地位。此外，西亞的這種橇，對後來車子的發明和利用，亦具有重要的啟迪和影響。

車子——在烏魯克伊安納神殿所出土的計算泥版遺物上，除了發現上述的圖形文字「橇」之外，同時亦發現「車」字。「車」字是在橇下裝上四個輪子的象形。據圖形文字「車」的形態可知，兩河流域最早的車子是在橇的基礎上直接發展而來的——最早的車子正是一種四個輪子的橇形車子。這種四輪橇

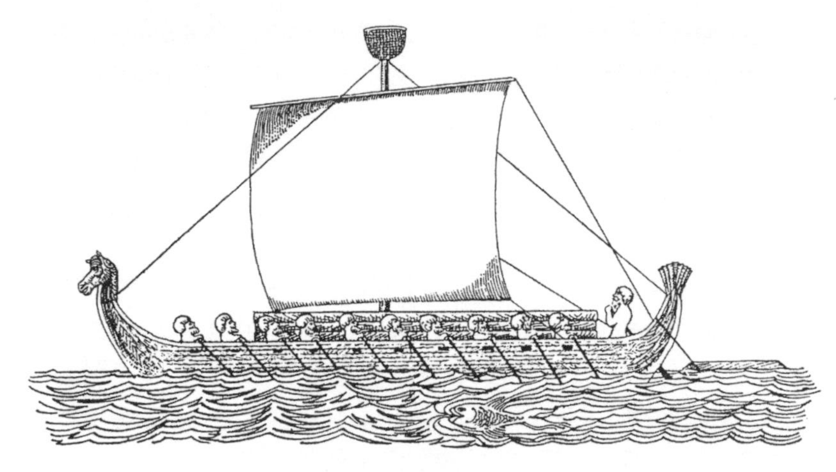

・水上運輸

形車也是迄今所知，世界上最早的車子，它的淵源當在公元前三五〇〇年前後。

從公元前三五〇〇年～前二〇〇〇年期間，哈拉夫文化遺址彩陶鉢上的八幅二輪車子形象和同出的車子模型、伊拉克海法古遺址彩陶上的戰車圖形、蘇薩出土遺物上的車子圖形、基什遺址發現的四輪戰車陶塑模型等等，均表明了兩河流域當時先後流行有四輪帶篷檯車，兩輪、三輪、四輪戰、貨車等等。這些車子的車輪除了有兩輪、三輪、四輪的區別外，還存在有幅輪與實心輪的區別。此外，在牽引動力上，此時期尚停留於使用騫驢和牛的階段。換句話說，兩河流域公元前二〇〇〇年以前時期的車子都屬騫驢車和牛車之類，馬車尚未出現。這些騫驢車或牛車除了廣泛應用於日常生活的運輸外，還應用到軍事活動中。兩河流域的兩輪牛車，直到公元前一〇〇〇年時，還在戰爭中發揮著作用。

騎乘——兩河流域古代前期除了流行使用舟船、橇、車子等交通工具外，還流行騎乘的風俗。騎乘是在家畜馴養的基礎上，直接利用家畜當騎行工具。這種風俗，乍看之下似乎很容易，事實上並非如此。在世界各地區的交通史上，騎乘動物的行為往往都是發生在用動物牽引各種車子的習俗之後，即通常先有牛車、驢車或馬車的應用，然後才逐漸發展出騎牛、騎驢或騎馬的風俗。

兩河流域騎牛的風俗約始於公元前二〇〇〇年時期。烏爾伊斯查利神殿出土的陶塑浮雕上有一生動的人乘瘤牛（Bos taurus indicus）形象，表明了當時騎瘤牛的習俗在兩河流域已開始流行。

兩河流域除了使用驢拉車外，也有用驢直接馱物的習慣。此外，在某些地區，則發展出騎驢的風俗。

琉璃磚的發明

元代劇作家王實甫的《西廂記》中有詞曰：「梵王宮殿月輪高，碧琉璃瑞烟籠罩。」可見琉璃工藝在我國已有相當悠久的歷史了。

所謂「琉璃」，是在陶質物的表面覆蓋一層細密的琉璃質薄層，即通常所稱的釉。它是用石英、長石等矽酸鹽混合物在高溫下熔製而成的。

其實，在兩河流域，早在古巴比倫時期就已開始燒製琉璃了。考古學家甚至發現，烏魯克時期（公元前三五〇〇～三一〇〇年）有一座埃安娜女神廟，其中有一棟被稱為「白廟」的大殿，其旁庭院的柱廊上採用了彩色錐塊鑲嵌的圓柱和半柱，柱徑達 2.62m。這些錐塊以陶土焙製，組成幾何紋樣，既美觀，又有保護建築物的功效，是到目前為止，建築鑲嵌技術的最早期傑作。

由於美索不達米亞是沖積平原，石料極缺，所以，自古以來，都以土磚為主要建築材料。後來，人們又把這種土磚加以燒製。為求美觀起見，人們把它塗上釉彩，再入窰。這就是琉璃的起源。以琉璃磚工藝的風格著色和勾勒畫像，能使畫面鮮明、顯眼，成為亞述時期壁畫的一個特點。同時，壁畫描繪的細緻和生動，也可能有助於琉璃工藝的提高。因此，日後的新巴比倫王國就大力發展琉璃磚的裝飾藝術，使它達到了古代世界的最高水平。

新巴比倫時期豪華壯麗的王宮和神廟原有的豐富的雕像和壁畫，今天已全部無存。發掘出土的藝術文物主要是琉璃磚製品。從各種跡象看，琉璃磚這時確實達到前所未有的水平，雕刻、繪畫可能都受到它的影響。因此，以琉璃磚作為這一時期造型藝術的代表也不為過。琉璃磚如普通燒磚大小。它們的結合很自由，可以像壁畫那樣，以形象裝飾有框邊的壁畫，也可隨建築物的需要，鋪天蓋地般裝飾整個牆面，因地制宜，做出各類花紋圖案和形象浮雕。因此，琉璃磚組成的形象可大可小，只需在每塊磚的外沿按形象要求，刻以相應的凹凸曲折形狀並塗以釉彩即可。以數百、數千磚塊組成的巨幅圖畫更有色彩艷麗、浮雕生動的特點。

這類鋪滿整個牆面的琉璃磚可舉巴比倫城的伊什塔爾城門為代表。這兒以青藍琉璃磚為底，從牆基到牆頂完全鋪滿塔樓和門洞的壁面，甚至牆頂的戰堞（女兒牆）也不遺漏。牆腳、檐邊和城門的拱卷都施以玫瑰花紋裝飾帶，黃紅白藍相間，莊重而美麗。其餘牆面全部按等距配置牛和龍的形象，門邊三隻，塔樓五隻，五個神物造型高約一米，長約一・五米。作為天神象徵的牡牛粗壯結實，形象的生動類於亞述浮雕，色彩的調配則近似壁畫。作為馬都克神之象徵的龍很有特點——它不像我國的龍那樣騰雲駕霧，而是一隻四腳落地的神獸，魚首蛇頸，獸身而帶魚鱗，前肢為獅足，後肢為鷹爪，尾巴高翹似鰻。藝術家把這些奇怪形狀的肢體組織在一起，卻不失其莊重威嚴之氣，可以說是兩河流域自蘇美爾以來善於製造神奇動物傳統的最高發展。

雅典大道兩旁的牆壁和塔樓也都有琉璃磚裝飾，這兒則更按大道通達的特點，在牆面布置連續的裝飾帶，刻以獅子的形象（獅子是伊什塔爾女神的坐騎和王權的象徵）。琉璃磚在表現獅子的身軀和頭足部位時塗以白釉，鬃毛則塗以金黃色釉，體態突顯得很有力。在王宮建築的某些殘跡中，也有類似的獅、龍形象的琉璃磚，作為花邊裝飾的花草紋樣還描畫得更為齊全、美麗。總之，這些琉璃磚的工藝，它的藝術在古代世界可謂獨一無二。

在古巴比倫時期即已發展的琉璃磚藝術，到新巴比倫時期達於極盛，形象華麗、威嚴兼備，是同類作品的上乘。隨著波斯征服新巴比倫王國及在各地的擴張，這種琉璃磚也隨之傳到中亞各地，最後達於我國。今存北京故宮和北海的「九龍壁」（作於清代）、大同的「九龍壁」（作於明代），可說是它傳入東土後的優秀作品。從這個意義上看，只有我國的琉璃磚在華麗、威嚴兼備方面可和遙遠的巴比倫原型相媲美。它們都是世界藝術寶庫中的瑰寶。

兩河流域的紋飾

「紋飾」乃是具有象徵意義的圖像及圖形文字。大體上說來，它們都可以被視作某種藝術品。一般認為，它們的產生，多是出於美學的緣故；亦即是說，在古人生活的環境中，有些事物的外形引起了他們的喜愛，觸發了他們的美感，因而描摹下來，並加以傳播，從而成為「紋飾」。這種圖像或圖案，除了其外形所表達的直接含義之外，並無其他更加隱晦的暗示和象徵。

古代兩河流域有大量這種紋飾，從中可以看出生活在那裡之人的審美情趣。

（一）卍——對於現代的中國人來說，被譽為「世界上最古老的紋飾之一」的「卍」既是一個逼真的圖形符號，又是一個漢字。有趣的是，在古代兩河流域也有這種紋飾，它象徵「生育」之意。

次頁〔圖 A〕所示，即是出自薩邁拉（在今伊拉克中部）的一只「史前碗」。碗上花紋的整個圖案呈漩渦運動狀。我們可以看到，圖中以四隻長尾、長頸之鳥為主角。四鳥以「十」字位置相向而立，尖喙中都銜著一條魚。它們對稱的形狀和位置，以及略呈弧形的長尾，伙得全圖之基本結構呈「卍」字形。不僅如此，在四鳥所構成的大「卍」字中央，還有一個十分典型的左折「卍」形。

〔圖 B〕所示的紋飾也見於薩邁拉的一只「史前碗」上。在此構成卍形的乃是四隻圖案化的山羊。山羊的身體呈三角形，它們的腳部相互連接，組成中央的小方塊。三角身體的兩邊分別延伸出去，形成短而捲曲的尾巴及頸部、頭部。每隻山羊上都有一對趨向後方的長角，略呈弧形。這對角就構成了整個卍形的彎折之臂，其後方向右旋。

〔圖 C〕所示者是美索不達米亞以四生物旋轉而構成卍形紋飾的又一例子。此乃烏爾王朝國王美桑尼帕達（Mesannipadda）的一枚印章上的部分圖案。這是圍成一圈的四個奔跑者，每個人都右手執刀，左手抓著前方奔跑者的右足，自己的右足也相應地為後方奔跑者的左手所執住。於是，他們的姿勢便構成了一個卍形紋飾。

（二）有翼日盤——在美索不達米亞地區，有翼日盤屬於亞述、迦勒底的浮雕和圓柱形印章所展現的主要紋飾之一。有時候，它翱翔於國王和祭司們上方，有時候則主宰了整個裝飾面或祭祀畫面。所有這些有翼日盤大致分成兩種類型。

第一種類型是：日盤頂上戴著一個渦卷，渦卷的兩端向上捲曲，給人頭頂雙角的印象。日盤之下，有時置一圓花飾，有時置一圓輪，有時置一羽狀尾。羽狀尾像扇子一樣散開，其兩側各有一根從日盤上方呈波浪形斜向飄下的飾帶。

圖 D 所示者，即是見於亞述的這一類型日盤。

第二種類型是：日盤中有一個類人的天使。他所處的位置，使得原處於日盤上方的角彷彿從他的帽子兩側伸出去一般，而原處於日盤下方的羽尾則彷彿成了他褶有荷葉邊之裙子的一部分。這個神像的手勢，有時候作射箭狀，其矢為一枝三頭箭；有時候上揚作祈禱狀；有時候右手顯露在外側，持有一冠或一弓。

圖 E 所示，便是見於亞述的第二類型有翼日盤。

美索不達米亞出土的楔形文書揭示了這樣的事實：有翼日盤在逐步演化之後，不再是一種純粹的太陽標誌，有時候，它更可能象徵著進一步擬人化的神祇，而不是太陽。如果考慮到有翼日盤在美索不達米亞宗教藝術中的重要地位，那麼，這一

‧〔圖 A〕　出自底格里斯河畔薩邁拉的一只「史前碗」，體現了美索不達米亞史前藝術的風格；呈現漩渦運動的趨勢。四隻長尾鳥構成大「卍」形，其中央則飾一典典型的左折「卍」形。

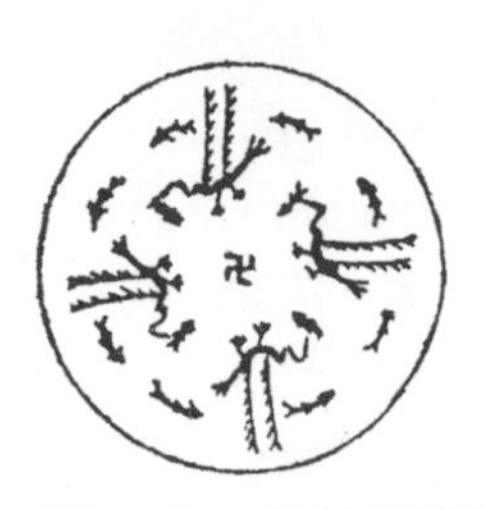

‧〔圖 B〕　見於薩邁拉「史前碗」上的卍形紋飾。由四隻圖案化的山羊構成此卍形，一對向後而作弧狀的長羊角形成「卍」形的右向彎折臂。

‧〔圖 C〕　見於烏爾王朝國王美桑尼帕達的一枚印章上的部分圖案。以相互執住前方奔跑者之足部的四個人組成一個卍形。是為以相互連接的四生物構成卍形之藝術風格的又一例。

‧〔圖 D〕　見於亞述的有翼日盤，是為第一類型。日盤上方飾有渦卷，下方則飾有作扇狀散開的羽尾。

‧〔圖 E〕　見於亞述的有翼日盤，是為第二類型。日盤中間有一類人神祇，原置日盤上方的雙角彷彿從其帽子兩側伸展出去，原置日盤下方的羽尾彷彿成了他的褶有荷葉邊的裙子。

・〔圖 F〕　見於蘇薩遺址中的古印章，屬烏魯克王朝時期。圖上展示了兩頭長有大角的牛，以及兩枚十字。有可能旨在表達「神聖」和「吉祥」的含義。

・〔圖 G〕　妖魔胡姆巴巴的赤陶頭像。今藏於倫敦的不列顛博物館。

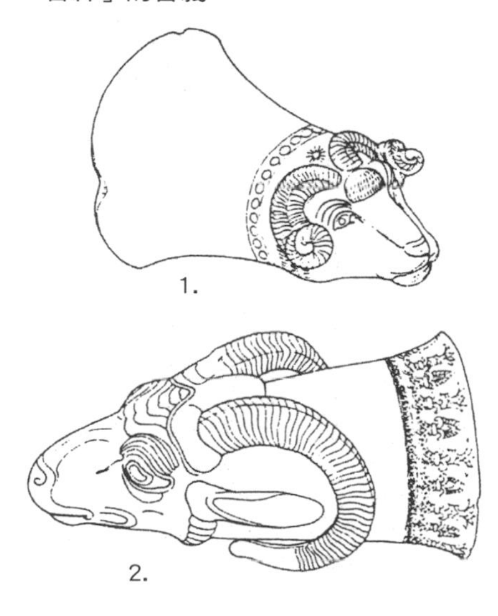

・〔圖 H〕　來通：①巴格達伊拉克博物館藏亞述陶來通
②聖彼得堡愛爾米塔契博物館藏古波斯阿契美尼德時代銀來通
③旁遮普銀盤上的持來通飲酒者

紋飾甚至可能表達了一種普遍的神聖概念。

（三）牛——在古代世界各個地區的宗教或大眾信仰中，牛擁有相當神聖的地位，極受人們的崇拜。因為古人對於長了角的諸獸頗有好感，將牠視為吉祥之物。巴比倫人也將牛當成力量的象徵。風神之子為牛形，守衛公私建築物的精靈也呈牛的形狀。

牛的最具特色的標誌應當是其雙角。因此，常常用牛角紋飾或牛角冠表達各種事物所具有的象徵意義。例如，在早期蘇美爾的頌詩中，父神英都魯（Induru）被稱為「天牛」。而在蘇美爾的圓柱印章中，英都魯的形狀往往是在其帽上飾以牛角。同樣地，當英都魯的大天使及其太陽被描繪成人類的形貌時，他們帽子上也飾有牛角。相應地，其信徒也都佩戴水牛角。

牛或牛角之「神聖」、「吉祥」和一辟邪」含義，或可在〔圖 F〕上體現出來。圖 F 乃是見於蘇薩的一枚圓柱印章，屬烏魯克文化期。圖中畫有兩頭牛，牛角尖銳而高挑，相當引人注目。此外，兩個十字紋飾也處於十分顯著的地位。由於牛（牛角）與十字形均有「神聖」和「吉祥」的象徵意義，故而此圖可能旨在展示這類含義。

（四）胡姆巴巴（Humbab）——神話傳說中的一個妖魔。有關他的故事，主要見於《吉爾伽美什史詩》。胡姆巴巴被說成是由大神貝爾（Bel）委任的一個妖魔。他居住在雪松林中，守護著位於那裡的伊什塔爾（Ishtar）女神的神殿，恐嚇人類。他的聲音猶如颶風呼嘯，他的呼吸導致狂風，他的口中噴出焰火。總而言之，他是一個狂暴之徒，他的力量無人能夠抗拒。

但是，他也並不始終是一股狂暴的破壞力量。在有些傳說中，他是豐育神塔穆茲的守護神，專門對付那些邪惡精靈。據說，有一段祈禱詞這樣寫道：「威力無比的胡姆巴巴，對邪魔決不赦饒。我將自己委托給他，他使惡鬼不把我纏繞。」於是，胡姆巴巴便成了一種「馴服了的妖魔」，他的臉也就具有了護身的性質。

〔圖 G〕所示，乃是赤陶製作的一尊胡姆巴巴頭像（現存於不列顛博物館），其臉部由大量羊腸般的線條構成。羊乃是祭獻時所用的動物，其腸往往用來預卜吉凶。這樣繪成的臉部表情顯得有些愁眉苦臉，增加了頭像的神祕性。

（五）來通（Rhyton）——這是一種頗似弧形的獸角酒杯，故亦稱「通角杯」。在這種角杯底端一般有喝酒的排水孔，且繪著獸首。

來通起源於西方。克里特島在公元前一五〇〇年，已出現此種器物，但當時其下部尚無獸首，傳入希臘本土後才被加上這種飾物。希臘人稱之為「來通」，此詞是自希臘語（rheo，「流出」之意）派生來的。因為它像一只漏斗，可用於注入神酒。當時相信來通角杯是聖物，用它注酒能防止中毒。如果舉起來將酒一飲而盡，則是向酒神致敬的表示。傳到亞洲之後，來通廣泛流行於美索不達米亞至外阿姆河地帶的廣大區域中。在西亞，來通的出現不晚於公元前一〇〇〇年。

西亞的早期來通多呈短而直的圓錐狀，巴格達伊拉克博物館所藏亞述帝國的羊角陶來通可以作為代表。其裝飾之獸首除了羊首之外，還有馬首、牛首、獅首及其他怪獸之首。用來飲酒時，酒從其下端的孔中瀉出，注入飲者口中，與用杯飲酒的姿勢完全不同（見圖 H）。

總的說來，兩河流域紋飾的象徵意義多在於「趨吉」和「辟邪」。這主要是因為那時人們的語彙比較匱乏，還不足以表達其內心深處的感受；或者當不足以體現某種神聖的力量時，他們就用一種特定的姿勢或圖形、圖案予以表述和強調。

蠟版書

蠟版書是世界上最早、可以重複使用的記事簿，也是世界上最原始的圖書之一，其產生的年代尚待進一步考證。目前已知道，公元前八世紀的亞述人用它作為文字載體。它是將薄木板表面的中間部分掏空，把融化的蠟注入，在蠟尚未完全硬化之時，把文字刻寫上去，然後再將刻寫的蠟版打孔穿繩，就成了蠟版書。重複使用時，只須將蠟版烤熱，蠟變軟，即可再次刻寫。古羅馬時期，曾用這種方法製成某些永久性文獻。到了公元一世紀以後，這種在蠟版上刻寫文字記事的方法才逐漸被淘汰。

工藝智慧

美索不達米亞之所以有印章、雕刻、建築等高度發展的藝術，一個重要的原因在於這裡有大量技術熟練的工人。這些古代的勞動人民之所以能創造出許多美麗的東西，在於他們首先學會了怎樣利用那些看起來並不重要的東西。他們發明了各種工具和技術，這使得他們成為第一個能進行大規模農業生產的國家中享有太平生活的子民。他們是技術嫻熟的烘烤師、美酒釀造者、手巧的紡織師；他們壘起的磚瓦是如此牢固，使許多建築在經過五千餘年的風風雨雨之後還完好無損；他們也是人類最早掌握冶煉術的人。

在某些方面，美索不達米亞工匠的技藝是相當高超的。比如那兒的農夫使用的一種「犁種車」，不僅能翻土，而且可以通過附帶的漏斗，把種子播入新翻的土中。更為簡單而實用的是美索不達米亞的尖鋤。這是一種有短柄的鋤。和犁一年中只能用四個月不同，尖鋤可以在任何季節使用。它可以用來挖溝渠，修築水壩，灌溉田地和草地；用來排除沼澤，使之成為良田，修建泥巴做的房子；用來為牛羊修建畜舍，修補城市街道和城牆等等。它是如此神奇，以至於古代蘇美爾人認為這是上帝特賜他們的禮物。正如一首史詩所說：「上帝把它給了黑頭髮的人。」

尖鋤最重要的作用在於修管田園和棕櫚樹。棕櫚樹不僅是兩河人日常食物的來源，也為他們提供了大量的副產品。相對於小麥而言，大麥的產量更高。兩河人從大麥中磨取了麵粉，用它來製作發酵的麵包，從中取出麥芽以製成啤酒——有一位蘇美爾詩人把這種飲料描繪成「沁人心脾」、「讓人興奮不已」。他們從芝麻中榨取油料以供食用，從亞麻中抽取細的纖維做衣服。

一些美索不達米亞農夫最重要的技藝是從他們的農場動物中提取各種有用的東西。他們用一種鋁和五倍子的混合物，把自身的皮膚塗成褐色，然後再用肥的油脂塗抹以使皮膚柔軟。美索不達米亞人也用皮革製作鞋子和拖鞋、甲冑和馬鞍、背包和水壺。山羊毛被廣泛用於製作地毯，綿羊毛則是當地手工業的基礎，其產品主要用來和外國交換商品。羊毛有時被製成細線，有時被製成布，有時則被製成毛氈。

美索不達米亞人也掌握了大量熔化金屬方面的知識，特別是有關銅和青銅方面的知識。事實上，在蘇美爾，金屬匠是手工業工人中最重要的工種之一。蘇美爾人從小亞細亞進口銅礦砂，從高加索山區進口錫礦砂，然後把這兩種礦物混合，從中提煉出一種實用的青銅。不久，蘇美爾人把銅、錫礦砂單獨提煉，合成一種更純的產品。這裡的工匠用一種特殊的熔爐——即一種用陶瓷或金屬的坩堝和風箱來融化和鑄造金屬，然後把融漿倒入有孔又可分開的兩個模型之中。蘇美爾人為了製作更加複雜的模子，發明了「蠟鑄法」。具體方汰是用蠟製成想要的模型，然後用一層泥把這個模型封住。等外面的泥胎乾了之後，加溫，使蠟融化，就得到了所要的模具。他們還用煨鍛的方法增強金屬的硬度，用鉚釘和錫等東西把金屬聯接起來。

和金屬匠密切相關的則是製作金、銀、寶石的工匠。他們像金屬匠一樣使用模型，但也用一些只有他們才會用的模型技巧，如他們能把黃金做成細絲的裝飾品。他們甚至掌握了把金屬製成像紙片一樣薄的技術，然後用這些金屬片裝飾物品。其中也有些寶石匠，主要用諸如珍珠和寶石之類的東西製作念珠、手鐲和垂飾品之類物品。

也極有可能是這些寶石匠，在冶煉沙、石英、蘇打、石灰這一類礦物時，無意間掌握了製作釉和玻璃的方法。早在公元前二五〇〇年左右，美索不達米亞人已掌握了製造玻璃的方法。直到公元前一七〇〇年左右，一位很有事業心的手工匠或許是為了他的事業的緣故，或許是為了後人的緣故，寫下了製造玻璃的方法。如果是後者，這位兩河人倒真的了卻了這一心願，因為在二十世紀中期，兩個英國玻璃製作者竟用這位兩河人所留祕方中的一種方法，製作成了兩個器皿。現在這兩個器皿保存在大英博物館。

在美索不達米亞，還有其他一些熟練工匠——木匠，他們使用的工具有榔頭、鑿子、鋸、鑽，製造從家具到船之類的物

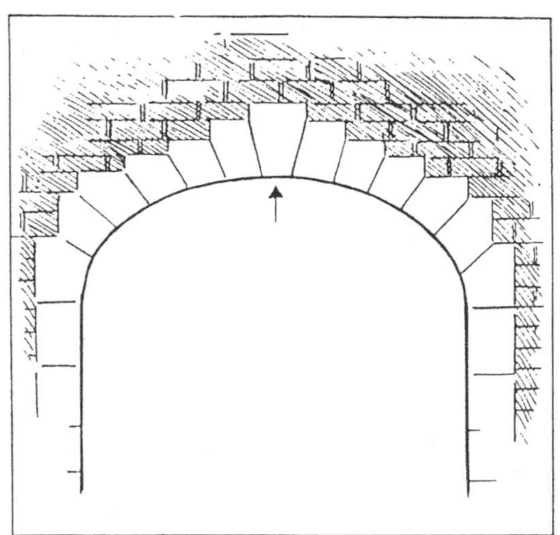

・拱形

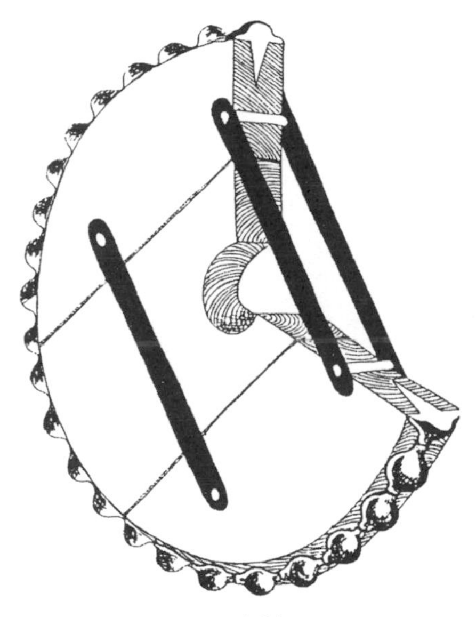

・車輪

品。編織工，他們用高而硬的蘆葦桿造房子、做籬笆及盛物品的容器。

但是，那兒的人所創造的對他們自身及後來的文明有著最深遠之意義的事物便是那兒的工匠嫻熟地利用了當地的泥土——這種廉價、易操作、使用價值很高的泥土對古人的生活意義是非常重要的。其中的陶工，很早就知道用泥土修建地窖，也知道用各種色彩鮮艷的圖案裝飾陶器。

公元前三五〇〇年，他們也知道製作實用的陶輪，並大批量生產。同時，製磚工人也把濕泥放在木製模型中，製成所要的形狀，然後在太陽下曬乾或在爐火中烤乾，用來修建巨大的建築物。公元前三〇〇〇年，他們已學會把這些烤乾的磚頭製成楔形，用來修建水池，使之更加牢固，而且也用它修築了人類歷史上第一座原始的拱門。這對人類歷史的影響十分重大。在這種刻畫符號的泥片上，保存了兩河的法律、傳說、生活情況。這不僅使得這一地區的文明得以持久地保存下來，也使這一文明在鄰近地區得以傳播，突破了時空的限制，代代相傳，生生不息。

Chapter 8
民俗宗教篇

宗教——美索不達米亞文明的基礎

宗教是美索不達米亞人生活的中心，一切人類的活動——政治的、軍事的、社會的、法律的、文學的和藝術的——都服從於一個凌駕於一切之上的宗教目的。宗教是美索不達米亞人理解自然、社會及其自身的思想綱領；占不教支配著其他一切文化表現和人類行為。譬如城邦之間的戰爭被解釋為主宰城邦的神靈之間的衝突，勝利最終必須依靠神的恩賜，而非人的努力所致。神話——敘述諸神的活動——說明了人類的來源。

美索不達米亞人相信人被賦予生命，僅是為了能在塵世實現諸神的意志。國王和祭司在做出重大決定之前，必先請求神的啟示。而這類活動，照現在看來，純屬法術的儀式，其品類繁多。流傳至今的有關記述及咒語，數量頗為可觀，其中以祛病、禳厄、致厄、征戰等法術最著。猶如人們所習見，祛病法術亦與民間醫術渾融雜糅——綜觀迄今猶存於世的「單方」，法術與民間醫術兩者實難區分；有些法術色彩尤為彰明較著。

以祛除眼疾的法術「單方」為例，上曰：「黑毛、白毛捻成線；黑毛線、白毛線，各打七個結；念誦咒語；黑毛線繫在病眼上，白毛線繫在好眼上……」

下面是有關征服法術儀式的記述片段：「敵寇來犯，擾我國君，侵我疆土……國君應行於隊右。」（獻祭時）「以油脂製作敵寇之像，復以『烏林努』將眾像之石轉向後方（以預示敵之敗逃）。」事後，敵像即焚燒或以他法毀之——通常由法師或焚燒，或置於水中，或予以掩埋，或禁錮於某處。但這已非征戰法術，而屬致厄之列。

巴比倫人的占卜體系繁盛已極。祭司中有專事占卜者、求問休咎者，不僅有平民，國君、王侯亦在其列。占卜者也為人解夢，其所依據，無非是牲畜之動作、禽鳥之飛翔、水面浮油之情狀……等等。而見諸巴比倫的最慣用之法，則是視獻祭之內臟——特別是肝臟——而卜。據肝而卜，即所謂「肝卜」，堪稱精到已極：肝的每一個部位均賦以固定之稱，並繪有種種圖形；以泥土製作人之肝臟模型，上面標有占卜符記。嗣後，此術為羅馬人所承襲，其中介似為赫梯人和伊特魯里亞人。

美索不達米亞人相信安撫神會給他們的城市帶來安全與繁榮。每個具體的城市屬於一個特殊的神，神才是城市和土地的真正統治者和主人。人們常為神及其家庭興建許多

互相關聯的廟宇。神在廟中被供以寢食所需及衣服，人們對神敬以虔誠的僕人之禮。為此，他們建起了可以拾級而登，多層塔形的高壇，莊嚴的神龕就建在塔頂平台上。這種高壇叫「吉古拉塔」（Ziggurat）。

塔廟周圍有低低的圍牆，圍牆內是祭司辦公的地方和住所，還有各式各樣的店鋪，陶工、編織工和製革匠都在這裡展示他們的手藝。塔廟是城市的文化和經濟中心。

神——超越人的、永不滅的、為人肉眼所不能見而又無所不在的——統治著整個宇宙及宇宙間的一切。人類生活的整個進程也受眾神至高無上的意志控制，決定人類的命運是神的主要任務。

對蛇的崇拜

古代兩河流域與世界其他一些地區一樣，保留了許多關於蛇的傳說。研究兩河流域的蛇崇拜和傳說，不僅可以窺測出古代兩河人的宗教信仰、對理想的追求及他們的某些世界觀，對我們了解兩河流域的神話特點也大有裨益。下面我們就將從有關蛇的崇拜和傳說這一小小的側面，領略一下兩河流域五彩繽紛的世象和虛幻、神奇的境界。

公元前數千年期間，生活在美索不達米亞的蘇美爾人、阿卡德人、巴比倫人等都曾信仰蛇，並將蛇的圖形使用於各種圖案之中。比較典型的一個例子，便是豐育之神寧吉茲達（Ningszida）的形象——蛇即是它的象徵符號。

烏爾第三王朝，即蘇美爾的文藝復興時期，拉格什的統治者古地亞（Gudea）向寧吉茲達行祭禮時，曾使用一只高腳酒杯。

圖 A 即是這只高腳酒杯上所鏤刻之圖案的展開圖。畫面中央是兩條纏絞在一起的蛇，顯然正在交尾，其含義無疑是象徵生殖。這當然符合豐育神的特徵。

然而，寧吉茲達的另一種形貌又是人首蛇身。〔圖 B〕、〔圖 C〕即是見於阿卡德王朝時期圓柱印章上的豐育神寧吉茲達，其蛇身人首的狀貌是顯而易見的。寧吉茲達既然作為豐育

・〔圖 A〕　見於蘇美爾高腳酒杯上的絞蛇鏤刻圖案，象徵了生殖和豐育。此高腳酒杯乃拉格什國王古地亞在向寧吉茲達神行祭禮時所用。

・〔圖 B〕　見於阿卡德王朝時期圓柱形印章上的豐育神吉茲達為蛇身人首之狀，與古代中國所見的伏羲、女媧像同。

・〔圖 C〕　作蛇身人首狀的寧吉茲達像又一例，亦見於阿卡德王朝時期的圓柱形印章上。

・〔圖 D〕　見於烏魯克王朝時期的一枚圓柱形印章上的部分圖案。絞合的兩蛇位於兩隻大角山羊之間。

・〔圖 E〕　阿卡德王朝時期的一枚印章上的部分圖案。在此，作絞合狀的兩蛇置於所崇拜之神的身後。

神，當然與植物的生長關係密切。因此，在有的畫像中，他的前面飾有樹木之類的植物，如〔圖 C〕所示；有時候則在手中握著樹枝或其它植物。

〔圖 D〕所示，乃是見於烏魯克王朝時期的一枚印章上的部分圖案。位於兩隻大山羊之間是絞合在一起的兩條蛇。

〔圖 E〕則是阿卡德王朝時期的一枚印章。在此，紋合之蛇放置於所崇拜之神的身後。

回過來再談圖 A。絞蛇紋兩側乃是一對相向而站的怪物。它們的頭顱似蛇，體若獸類，前爪如獅，後爪如鷹，兩脅併生雙翼，頭上則各自戴著一頂飾有雙角的冠，大概象徵著超自然的威力。這對類烏似獸的神祕生物當是屬於「天神」一流。因為在這以後，它逐步演變，最終成了巴比倫人崇拜的「眾神之王」馬都克（Marduk）的象徵。圖中的交尾之蛇意味著它是從地面或水下賦予人類生命力、導致豐育的神靈。

巴比倫的馬都克神廟中，東、南、西、北每一面牆的中央都有一道門廊，每一道門廊口則都有兩條銅質巨蛇相對而立。由此可見，蛇在巴比倫宗教中的作用。事實上也確實如此。在巴比倫形形色色的神話傳說中，許多地方都提到了蛇。

例如，一則流傳十分廣泛的神話談到，巨鷹與巨蛇本來是很好的朋友，但後來巨鷹背信棄義，吞食了巨蛇的青春。雙方因此反目成仇，巨鷹處於危急之中。這時，牧人埃塔那（Etana）救助了巨鷹。但是，作為交換條件，他要求巨鷹將他帶上天宮，以便獲取生育的藥草。巨鷹答應了這個請求。不過，它的翅膀已被蛇扯下。這一神話傳說在許多巴比倫的印章中成為圖畫的主題。實際上，這即是流行於古代世界各地的「鷹蛇搏鬥」神話中的一個故事。

另一個涉及蛇的神話傳說見於舉世聞名的《吉爾伽美什》

史詩中。在這部史詩中，烏魯克城邦首領吉爾伽美什被描繪成一個半人半神的英雄。他驕傲暴戾，引起諸神不滿。

諸神創造巨人恩奇都去懲罰他。但兩人在決鬥中成了好朋友。此後，吉爾伽美什棄惡從善，為民除害，立下了許多功績。他的英雄行為引起女神伊什塔爾的愛慕。但他拒絕她的求愛，觸怒了諸神。諸神用奪取恩奇都生命的辦法打擊他。吉爾伽美什為朋友的死十分悲痛，決心去尋找長生不死之方。他歷經千辛萬苦，終於取得永生的仙草。但是，萬萬沒有想到，在回國途中，吉爾伽美什經過一泓冷水泉，他把仙草放在岸邊，下水淨身洗澡，有條蛇被仙草的香氣所吸引，從水裡鑽出來，把仙草叼跑了。從此以後，蛇便能夠以蛻皮恢復青春，代替死亡，而人卻不能這樣。

蛇神乃是豐育神的一個方面，此話顯然不錯（至少在美索不達米亞的古代信仰中是如此）。上文提及的寧吉茲達即是豐育之神，其中典型的標誌便是蛇。另一個頗為著名的豐育神乃是塔穆茲（Tammuuz）。他是水神阿普蘇（Apsu）的兒子，並且是女神伊什塔爾的情人，很受人們崇拜。這位豐育之神據說還有一個稱號（亦即另一個化身），並且似乎是他最重要的稱號——「天上的雌性巨蛇」（ama-usumgal-anna）。由此可知蛇在美索不達米亞古代居民生活中的重要地位。

巴比倫人的生活習俗

服飾——巴比倫人的衣服一般有三重。內衣長到腳的是布質料的；中間通常罩上羊毛衣衫；毛衣之外再罩白色外衣。他們都穿平底靴，留長髮。通常將頭髮披在腦後；有時也將頭髮以絲帶紮起。

物產——巴比倫人生活的地方水源充沛，土地肥沃，物產豐富。據考古和文獻資料，巴比倫地區經濟以農業為主，兼營家畜飼養業。這裡的農作物有小麥、大麥、小米、芝麻等等，果類有無花果、橄欖、葡萄、椰子、棗等等。這些都是當地居民經常食用的食物。麵類食物如何製作，我們不太清楚。除了所知道的麵條、餅之外，我們還知道他們能製作麵包。巴比倫人很早就懂得了酒的釀製，而且特別喜歡飲酒。他們有什麼蔬菜，我們也無從得知。他們做菜用芝麻油。巴比倫人很早就知道飼養蜜蜂，採得的蜜，一般用來抹麵包和調飲料。

風俗——巴比倫人的風俗有很多已經湮滅而不可尋了，這裡所記載的知識只是希羅多德提供的信息。巴比倫女孩出嫁時都要帶嫁妝，而她們的嫁妝規格都是一樣的。如何達到這一點，巴比倫人有自己的辦法。據希羅多德記載，女子只有以出賣的方式才能嫁給丈夫。這裡的女孩到了婚嫁年齡，便被指定的拍賣人集中到一起，來到市場上。時值婚齡的男子被叫來，圍在這群女子外圍。拍賣人一個個將女孩子叫出來，將她們出賣。通常拍賣是從最美麗的姑娘開始的，以最醜的女孩殿後。最美麗的女孩價格通常都甚好，比較醜的女孩價格就比較低。拍賣人將所有被賣出的女孩所賣到的錢都集中在一起，然後平攤給所有出嫁的女孩。

至於夫妻生活，巴比倫人有自己的認識。當丈夫與自己的妻子雲雨之後，便與其妻對面焚香，坐至天明，沐浴之後才入睡。沐浴之前，他們不肯用手去碰觸任何器皿。

相傳，在巴比倫，還有一種讓人感到迷惑不解的習俗：任何一個婦女，在其一生之中，必須到阿普洛狄鐵神殿附近，和一個素不相識的男子性交。這是一次必須完成的神聖任務。在沒有性交之前，這位婦女必須坐在一群婦女當中，接受來到這裡的每一個男子審視。某個男子看上某個婦女後，便向這位婦女丟一塊銀幣，同時對她說：「我以米利塔女神的名譽為你祝福。」這位婦女便必須跟著這位男子而去。銀塊的大小和多少並不重要，男子的長相和衣著也是次要的。婦女對這種事是不能拒絕的，否則會觸犯神靈。事完之後，婦女可以揚長而去，不再看這位男子一眼，這位男子也不得再來糾纏這位女性。漂亮的婦女用不了多長時間便可以完成任務，長得稍差一些的婦女則要等上兩、三年才能「交差」。

亞述人的生活習俗

服飾——亞述貴族通常穿著緊身衣服，它是由上衣和褲子組成的。緊身衣服外面，一般罩上雜色帶穗的長外套。外套用毛織物製成。男人項上戴項圈，耳朵上戴耳環，手上戴沉重的手鐲。手鐲或用青銅，或用銀，或是用金製成。亞述婦女沒有社會地位，他們通常幹著像奴隸一樣的重活，即使是達官顯貴的妻子也如此。她們的頭上時刻都要蒙上面紗，以防生人窺測其嬌容。

根據已得的考古資料，亞述武士裝備精良，進攻用的武器都是鐵質的，防禦用的武器都是青銅鑄造的。重裝甲兵穿薄板製成的甲冑，頭戴尖頂頭盔。關於這一點，希羅多德也有相同的記載，只有關於甲冑的描述不一樣。

希羅多德是這麼說的：

參加出征軍隊的亞述人頭上戴著青銅頭盔，它是人們使用青銅，以一種難以形容的異邦樣式編成的。他們帶看埃及式的盾牌、槍和短劍，此外還有安看鐵頭的木棍；他們穿看亞麻的胴甲（魚目鎧甲）。

宗教——亞述人和所有的東方人近似，其文學、藝術及全部文化內容在一定程度上與宗教有著密切的關係。帶有魔術性質的禮祀和儀式在亞述宗教中具有重要意義。

和希臘諸神相像，亞述諸神的本性被理解為易怒且有虛榮心，心裡時常嫉妒，喜歡受供奉和獲得犧牲。諸神權力都不大，是公社或城市的保護神。

亞述帝國曾經試圖將阿淑爾神奉為最高神，但是，包括阿淑爾城居民在內的全體亞述人都反對。

除了諸神之外，亞述人還有無數迷信、數千種生活禁忌，以及對數十種惡鬼和精靈的崇拜。

喪葬習俗

兩河流域的喪葬習俗大約起源於舊石器中期。在伊拉克沙尼達爾洞穴遺址中發現了九具已較尼安德特人進步的早期智人骨架。據發掘報告分析，當時已出現一定的埋葬方式和靈魂不滅的觀念，並發現最早為死者奉獻花朵的埋葬習俗。

到了中石器時代，埋葬制度顯然已較為健全，出現了有規律可循的埋葬習俗和固定的墓地。兩河流域中石器時代的代表性文化納吐夫文化，流行的埋葬習俗內容主要是：屍體一般葬在居住區內，葬地撒以赭石，周圍加紅色護牆，透露出很濃的尚紅傾向，是一種比較典型的紅斂葬。其葬式有個體葬、集體

葬、集體二次葬三種。集體坑葬通常為三個個體，其中兩個面對面埋葬。集體二次葬是先讓屍體肉質腐爛後，再撿骨埋葬；通常是許多個體合葬一坑。納吐夫文化墓葬的表面通常用碎石或大石覆蓋，體現了其埋葬文化上的一些獨特個性。

新石器和銅石並用時代，墓葬文化又有了進一步的發展。在前陶新石器時代，墓地與居址共處，流行將屍體捲縮放入深約一米的墓坑中的屈肢葬式。在屈肢全軀葬中，也發現無頭顱的屈肢葬。另流行一種獨特的斂葬方式，即在死者的面部用塗泥法復原其面目，泥上施以彩繪，眼珠用貝殼點綴。其含義當與保存祖先的面貌有關。

在有陶新石器和銅石並用時代，已開始出現墓地與居住區分開、墓葬一般附上隨葬品的習俗，但也有墓室埋在住屋和平台之下的習俗沿用。此時期的隨葬品一般是使用陶器，但也存在婦女、兒童多隨葬裝飾品，男子多隨葬武器的傾向。還發現了去肉存骨的二次葬習俗。

埃利都．歐貝德時期的墓葬都與居址分開。埃利都遺址已發掘出兩百多座墓葬，流行一次葬和二次葬。一般以土坯砌成長方形棺具，將屍體納入棺後再以土坏蓋棺。二次葬者一般打破早期墓，死者可能與早期墓葬之死者構成家族關係。墓葬中流行隨葬品，多見陶器，較特別者見有泥雕塑像和帆船模型。歐貝德遺址已發掘出九十四座土坑墓，墓地位於居址南部，流行橫臥屈肢葬式。

蘇美爾早期城市時期的墓葬文化體現了墓群成群分布，建立公共墓地的特徵。在烏爾發現並經考古發掘的葬群總數已達二千五百座以上。這些墓葬大致分屬四個階段，即蘇美爾早王朝時期、烏爾第一王廟時期、烏爾第二王朝時期、阿卡德時期。雖然王陵與平民墓共處，但墓室的營造規模和隨葬品質量對比鮮明，貧富懸殊。王陵的營建習俗始於早王朝時期，至烏爾第一王朝時期已達到全盛。

早王朝時期的王陵已擁有奢侈豪華的隨葬品，並出現眾多的殉葬人，隨葬品還流行刻上國王或女王名字的習慣。

烏爾第一王朝的陵墓目前可確定的有十六座，其形制為大規模的穹窿頂墓室，均用石塊或磚營造。墓內又建造多間側室，墓門呈圓拱形，外觀頗為宏偉壯觀。隨葬品極其豐富多彩，可謂金銀珠寶俱全。具體品類大致有珠寶金杯、金豎琴、琉璃柄短劍、黃金鞘短劍、金質頭飾、首飾、琉璃圓柱印章及各種貝殼、黑曜石、紅石鑲嵌飾物、金盔、金粉盒、玉飾等等；其中最出名的是梅斯卡拉姆沙爾王的金盔、金牛頭豎琴、金銀絲細工短劍鞘、烏爾軍旗、貝殼鑲嵌石板等等。每座王陵都發現有殉葬人，人數最少三人，最多達七十四人。殉人的身分有廷臣、宮女、樂師、武裝侍從。另外還有用整輛驁驢車或牛車連同馭者一起下殉的習慣。

與王陵形成明顯對比的是分布在王陵區附近的一大批形制簡陋，坑體較小的平民墓葬。烏爾墓群中的平民墓主要流行呈俯身或仰身、正坐或側坐的屈肢葬，也有將屍骨放置陶甕中的甕棺葬，還有放在木匣中、木條框中或用草席簡單包裹的屍骨。隨葬品以日常用品陶器（如陶罐）等為主，隨葬金屬器的墓葬僅限於少數。有個別墓隨葬品頗為突出。如第七五五號墓，墓主名麥斯卡拉木都，墓內發現假髮金盔、黃金碗等多種精美名貴的隨葬品。但從墓葬的整體情況看，墓室規模很小，未見特殊附室，沒有人殉，顯得十分平庸，至少在外觀上與真正的王陵差別懸殊，只能算是平民墓葬中的佼佼者。

另外，在烏爾第一王朝的墓葬中，還流行火葬的習俗。這反映出當時人們在喪葬意識上的一些重要變化。烏爾墓群中王陵和平民墓埋葬的一般趨勢，基本上代表和反映了蘇美爾早期城市時期喪葬習俗的形式和內容。

阿卡德王國時期和烏爾第三王朝時期，乃至古巴比倫王國時期、亞述帝國時期都或多或少、或完全或部分地承繼或沿襲這些喪葬習俗。不過，巴比倫人的葬俗是很奇特的——他們通常將死者先放在蜂蜜裡浸泡，然後才加以埋葬。

體育活動

兩河流域的人民創造了光輝燦爛的文化，其文字、天文學、數學、醫學、文學、建築學都達到了當時世界的先進水平。世界上很多地區的文化都得益於這裡。在整個古代兩河流域的文化成果中，體育運動也占有重要的地位。它最古老，內容也相當豐富，其中乘戰車、騎馬等活動對鄰近地區的體育活動產生了直接的影響。

戰車——人類社會進入文明以後最初的先進武器，以及由此發展而來的乘車遊樂和賽車活動，都可以在這裡見到最原始的形式。從考古資料可知，早在公元前四千年代末，兩河流域便製造出人類歷史上最早的戰車。當時的戰車是兩輪或四輪，由一種現在早已絕跡的野鹿牽拉。從公元前二千年代末至一千年代初，戰車從這裡傳到了赫梯等國，開始流行於古代世界。

騎馬——人類的騎馬活動也最先在這裡出現。一尊廿三毫米高的骨質騎手雕像是公元前三千年代末到二千年代初的藝術品。這說明騎馬活動進入兩河流域的體育生活至少不遲於這一時期。捷克斯洛伐克學者赫洛茲尼查明，由於當時尚未發明馬鞍，騎馬是十分危險的活動。巴比倫的一位大臣在寫給國王的信中，就一再勸他千萬別騎馬，以保護他那高貴的頭顱。直到馬被配上馬鞍，特別是掌握了馴馬的方法之後，馬才成為古代時期戰車的動力和娛樂活動的重要工具。

在車、馬最初出現的年代，由於馴養經驗缺乏及製作技術水平低下，馬匹和車輛數量極少，因此在上層社會中被視若珍寶。古埃及沃老在寄給兩河流域一位國王的信中，便曾將車、馬與社稷王權、稀世奇珍、高邸大廈相提並論，足見其所受珍視的程度。

匈牙利體育史學家拉斯洛・孔對車、馬問世給予了高度的評價，認為它們對「近東和整個古代世界的體育革命」做出了極大的貢獻。特別是：「馬匹的大量使用，不僅導致了軍事技術和體育的改革，而且也改善了國與國之間的流通運輸狀況，從而加速了文化成果和經驗的交流。」

無論是節日慶典還是閒暇之時，在這一地區都能看到比賽活動。這種比賽在當時被稱為「比穆斯」。新年節慶期間，國王車隊的侍從經常跟在國王車後賽跑，優勝者可得到為國王挽轡的嘉獎。

摔角特別受歡迎。節日期間，它是一種表演項目；平時，它供人們娛樂消遣；在取得戰爭勝利後的慶功會上，它在預先確定了比賽勝負的情況下，作為戰勝敵人的象徵性表演活動而展開。從文物資料看，這個地區開展的一種抱腰摔角比賽，摔角手頭上都頂著大罐，是類似雜技的項目。

游泳在各個階層都得到開展，是頗受歡迎的娛樂項目，軍隊也很重視游泳練習。在這裡，當時已經出現爬泳。士兵訓練中，有時配備一種叫「穆塞」的浮載工具——氣囊船。這和我國黃河流域的牛皮船如出一轍，也是以皮囊吹氣，浮於水面作船。其中較大的船由數只皮囊聯結而成。

關於遊戲，材料不多。人們只提到新年節慶間進行的「假戰遊戲」。從赫梯人留下的較為詳細的資料看，這種遊戲一般在兩隊之間進行，一隊用銅刀，一隊用蘆葦桿。雙方之間的「戰鬥」，勝利當然屬於前者。古代兩河流域的居民用這種遊戲象徵著戰勝冬天，明顯帶有史前時代祈求豐年的祭祀活動之遺風。

兩河流域的歌舞雖然沒有達到古埃及的水平，但也是當地人娛樂活動中的重要內容。節日期間，特別是新年，可以見到這兒歌舞的盛況。樂師們化裝成狐、狼、虎、豹，吹吹打打，沿街而行，好不熱鬧；觀眾們站在台階上合著節拍唱歌、跳舞。

另外，這裡的雜技舞蹈也有一定的水平。早在蘇美爾人時代，便已經有了頭頂花瓶攀登高梯的表演節目。

在兩河流域，作為消遣的狩獵活動，主要開展於上層社會。有關國王狩獵的資料保存較多。亞述宮牆上的浮雕再現了國王獵獅的場面。國王乘著一輛雙輪戰車疾馳，身著王服，蓄著大鬍子，在兩個侍衛保護下，正用弓箭射殺猛獅。車後留下了一頭頭被射中的獅子——有的已經死去，有的身受重傷，在做垂死的掙扎。其中一頭躍起身來，向國王撲去，做最後的一搏。國王從容接過侍從遞來的長矛，用力向獅戳去⋯⋯

為了炫耀武力，國王還經常邀請顯貴到自己的專用獵場四周木看台上，看他們同雄獅搏鬥。這種表演實際上是人和獸一對一的搏鬥。國王既不騎馬，也不乘車，用利斧或弓箭同猛獅對壘。為了國王的絕對安全，搏鬥時，總有兩排手持長矛的士兵護衛著，因而他們總是勝利者。

據考證，有一幅國王抓住一頭雄獅的浮雕，便是記載亞述國王亞述巴尼拔的一次狩獵活動。浮雕上的銘文是——

我，亞述巴尼拔，世界之王，亞述之主。在我同這頭獅子的一場驚心動魄的搏鬥中，我抓住了它的尾巴，連照我的主人——尼努爾塔（Ninurta）和尼爾加爾二神之令，我用斧頭砍破了它的腦袋。

這不由得使人想起了古羅馬的角鬥士。

宦官——兩河流域女王膝下的寵兒

兩河流域在今伊拉克一帶，又稱近東地區，是世界上四大文明發源地之一，產生了人類歷史中最早的有記載的文明。另一方面，請不要忘記，兩河流域也是世界上宦官制度最早的搖籃。

所謂「宦官制度」，即以強制的手段割除或破壞男性生殖器和生殖機能，徹底剝奪其性生活和繁衍後代之權及能力的一種殘酷制度。它最初起源於人類性文化的糾纏之中，是兩性關係在結合過程中矛盾衝突下的產物，並且上升到政治制度，以國家的權力加以鞏固。它是人類歷史中最古老的課題——無理性之邪惡中最突出的代表作之一。

與埃及的情況有很大的相似之處，巴比倫和亞述帝國也多次出現女王或王妃掌權的情況，這些女王被古希臘歷史學家希羅多德形容為「最美麗、最殘酷、最有權力及最淫蕩的女王」。因此，兩河流域也成為宦官制度最早出現的地方之一。

有的歷史學家認為，兩河流域的宦官最早是巴比倫王國一個美麗的妃子所創造，並且由於巴比倫文明的廣泛傳播而進入西方各國。甚至有人這樣認為，這一時期正好是中國最早產生宦官的時期，所以，中國的宦官制度是從巴比倫傳入的。

亞述人繼承了巴比倫人的宦官制度，並在建立新亞述的密拉米斯時代使之得到很大的發展。根據公元前一四五〇、前一二五〇年的亞述帝國法律，丈夫如發現妻子與別人通姦，他可以殺死他們兩個人，或者只劓除妻子的鼻子，將姦夫閹割。在亞述帝國近東地區，有記錄顯示，婦女在打架中有抓男人睪丸的傾向。例如，亞述人的法律中有這樣一條規定：「如果女人在爭吵毆鬥中捏碎男人的一個睪丸，要砍斷她的一根手指；如果在醫師縫合後，另一個睪丸發炎或發現她在打架中將他的第二個睪丸也捏碎，那麼她的兩個乳房或乳頭就要被割掉。」這已具有閹割的含義了。在亞述帝國國家機構及王族後宮服務的宦官不虞匱乏，正表示這種刑罰有很多適用對象。在後宮服務的宦官，做任何事都要和妃子們保持七呎以上的距離。

綜觀一下世界歷史和人類文化，就會發現：不同的國家和不同的地區，在不同的時問內，都不同程度地存在著宦官制度。無論是在歐洲、非洲還是亞洲，在海洋國家、遊牧民族還是農業國度，在基督教、伊斯蘭教還是儒教的發源地，都有宦官制度的存身之地。宦官制度不僅成為一個世界性的普遍現象，而且可以說已成為人類特有的一種政治和文化現象了。

「刑牲而盟」

「刑牲而盟」在中國先秦時代頗多，亦為大家所熟悉，最早載於《左傳》。但在其他各古代國家卻比較罕見。不過，美索不達米亞的古巴比倫時期卻存在著類似於中國「刑牲而盟」的現象。

「刑牲而盟」是古人在會盟中舉行的基本儀式。《釋名·釋言語》曰：「盟，明也，告其事於神明也。」不難看出，「盟」是有一定儀式的外交活動，而且這種特定儀式能形成約束力，使結盟的各方產生互助的特殊關係。

從公元前二〇〇四年一度強盛的烏爾第三王朝被埃蘭人滅亡到公元前一七五五年漢謨拉比再次統一兩河流域，這近兩個半世紀的時間裡，這一地區列國紛爭，其中比較強大的有八個國家：伊新、拉爾薩、馬里、巴比倫、亞述、埃什嫩那、伊朗的埃蘭和敘利亞的延哈德。這些國家或戰或和、或聯盟或抗衡，其情況有如中國的「戰國時代」。屬於這一時期的《馬里王家檔案》是在古城馬里發掘出土的一批楔形文字泥版文書，其中包括馬里的統治者同自己的屬下及其他各國君臣之間互相來往的信件。從這批信件中可看出，兩河流域北部山區（亞述）各國存在著以驢駒為牲，進行盟誓的情況。

古城馬里位於幼發拉底河的中游地域，其王金瑞林（Zimri-Lim，公元前一七七五～前一七六二年）曾同鄰國喀塔臘城（Qattara）國王哈特奴蠟比（Hatnu-Rabi）刑驢而盟。馬里的敵國哈蘭（Harran）城邦的國王阿什迪塔基姆（Asdi-Takim）也曾與其鄰國扎勒馬庫姆（Zalmaqum）地區諸王及雅明（Yamin）部落眾長老殺驢駒舉行大盟誓而反對馬里。

然而，更為有趣的是，在美索不達米亞不但有「刑牲而盟」的現象，且還存在刑牲的不同等級。

伊巴勒埃勒（Dbal-El）是馬里王金瑞林在北方哈布爾三角形河網地區管理哈那（Hana）半遊牧民的總督，他致信告訴他的主子金瑞林說：「阿什那庫姆（Ashnakkum）城的統治者伊什美阿杜（Ishme-Addu），伊達馬臘茨（Idamaras）地區的長老們，烏爾基斯（Urgis）城的長老們，西那赫（Sinah）

城、胡臘（Hurra）城和亞坡圖爾（Yaptur）地區的長老們都來到馬勒哈圖（Malhatum）城見我……他們說：『讓我們刑羊或幼犬盟誓！』我不同意，說：『無論過去還是將來，我主金瑞林從不也永遠不會刑羊或幼犬盟誓。』於是我就自己用銀買了頭驢駒，一隻母驢的仔，〔刑用〕了它……〔我命令〕他們說：『你們並沒有努力，讓你們的全部〔士兵〕來見我！』他們說：『我們一定都來。』現在〔哈那〕部落和伊達馬臘茨地區之間的友好和同盟已經建立起來了。」

在金瑞林的代表伊巴勒埃勒同伊什美阿杜和伊達馬臘茨地區諸城邦的長老們所舉行的結盟儀式中，後者主張的盟誓犧牲是狗和羊，而前者堅持用驢。這可能是作為結盟一方的伊達馬臘茨地區諸城邦的等級低於馬里之王金瑞林的等級。另外，兩河流域和中國一樣，「刑牲而盟」之前，並沒有任何條約的草案或定本被交換，條約的具體內容是在刑牲會盟時，由參加會盟活動的各方當場討論和制定。最後，當各方達成一致的意見時，刑牲起誓，正式建立同盟關係。

古代中國和美索不達米亞文明都存在「刑牲而盟」這一習俗，只不過在中國，這一習俗存在的時間更長罷了，直到近代的民間還存在。在中國，犧牲用的是馬，特別是白馬。在兩河流域則用驢駒。馬，不僅是中國古代非常重要的交通工具，也是戰爭的主要工具。《洪範五行經》所言：「馬者，兵革之本。」便反映了這一事實。

在古代的美索不達米亞，在大量使用馬以前（馬在公元前二十世紀初由中亞引進，直到公元前十五世紀才開始在這一地區廣泛使用），驢一直充當著馬的重要角色。戰爭中，驢拉戰車是主要的作戰工具；日常生活中，驢是主要的交通工具。這足以反映驢在當時兩河流域的重要性。一則流傳已久的故事更說明了這一點：與兩河地區聯繫密切的波斯人在與斯基提亞人的作戰中，斯基提亞人的駱駝兵對波斯人威脅很大，常常將波斯主力部隊衝垮。為了對付斯基提亞人，波斯人便將所有驢子集中起來，去進攻敵人。列隊後，波斯人使驢子怪叫一通。因為斯基提亞人的駱駝從來沒有見過驢子，更沒有聽過驢叫，便以為遇到了什麼怪獸，頓時嚇得四下逃散，將斯基提亞部隊的方陣搞得亂七八糟。波斯人乘勝出擊，打敗了斯基提亞人的駱駝部隊。

古代中國和兩河流域共有的「刑牲而盟」，給我們提供了這樣一個客觀事實：雖然各古代文明產生的地區和其特點不完全相同，但在人類發展的歷史長河中，各個地區畢竟存在著相同或類似的事物——大到使用奴隸，小到「刑牲而盟」。

Chapter 9
戰爭篇

馬拉戰車的使用

公元前二千年代中期，歐亞大陸幾個農業文明中心遭受了一次巨大的衝擊。衝擊來自與農業文明毗鄰的遊牧地區，在歷史上產生了重大的影響。

遊牧者與農耕者之間的衝突由來已久。從新石器時代開始，隨著農業與畜牧業的分工，人類就逐漸分化為經濟生活方式各異的兩個世界。農耕者選擇了歐亞大陸偏南、土地肥沃、灌溉便利的大河流域，實行定居農耕，建造城市，組織政府，發明工藝，創造文字，形成農業文明中心。

到了公元前三千年代，兩河流域、尼羅河流域、印度河流域、黃河流域已先後成為古代農業文明中心地區。與此同時，遊牧者則在歐亞大陸偏北的歐洲森林地帶、烏克蘭平原和中亞細亞沙漠草原一帶飼養牲畜，遊蕩飄泊，受飢挨餓，長期停留於一種惇樸而落後的狀態。這種南耕北牧、南富北窮的狀況，造成農耕者安居樂土，視遊牧者為強悍的野蠻人；而遊牧者則認為農耕者軟弱、怯懦，視他們為很好的掠奪對象。因此，在兩者的交接地帶，儘管他們之間有時和平交往，但暴力相持更為常見。兩個世界的矛盾衝突到了公元二千年代中期，演變成遊牧世界對農耕世界的大衝擊、大震盪。進入農耕世界的主要是印歐人和閃米特人，東至印度河，西至愛琴海，中部至兩河流域和小亞細亞。閃米特人所使用的馬和馬拉戰車，使他們的機動性成倍增強，給農耕世界帶來的破壞也更為殘酷。

一時之間，埃及王國滅亡了，古巴比倫王國滅亡了，哈拉巴文明滅亡了，克里特文明滅亡了，夏王朝也滅亡了。征服者在征服地定居下來，強迫被征服者服役和納貢，遊牧者的首領則成為國王、貴族。他們在被征服地的先進文化影響下，由野蠻進入文明。新的文明取代了舊文明，儘管這種更替伴隨著暴力和破壞，但也應該看成是一種歷史的進步。

世界上最早使用戰車的國家可能是蘇美爾的烏爾城邦，但衝擊力較強的馬拉戰車大概是從赫梯人和希克索斯人開始的。中國也是使用戰車（又稱「兵車」）最古老的國家之一，早在殷代就出現了，至周代已大量使用，形成了所謂「千乘之國」或「萬乘之國」。用戰車的數量來衡量一個國家的實力這一事實說明，古中國是很重視戰車的。同樣，亞述人也極為重視戰車——他們把它看作是一種最卓越的獨立兵種。

國王出征總是乘著戰車，在戰車上作戰。伴隨國王的高官顯宦也同樣乘戰車作戰。下級官吏或作為騎兵，或作為步兵。

亞述人的戰車車體很短，但較寬，車內可容兩、三人，有時多達四人，其中一人為馭者，其餘為戰士。兩人乘的戰車中，只有一名戰士——在浮雕畫面中通常表現為張弓搭箭的姿態，箭筒掛在車廂上。戰士還佩有短劍和長槍，劍掛在身子左側，槍放在車廂的後方。馭者位於戰士的左邊（有時在右邊），兩手駕馭戰車，在戰鬥中同戰士密切合作。有時戰士命令馭者停車，自己下到地面，站在車前，更準確地射擊敵人。三人乘的戰車中除了戰士和馭者之外，又出現一名衛士。他是保護戰士的伙友，左手持盾，保衛張弓射擊的戰士，右手持槍或劍，以便擊退隨時迫近的敵人。國王和高官顯宦所乘的戰車多為四人，除馭者外，有兩名衛士手持盾牌護衛主人。戰車兵的衣甲較為輕便，有時只穿一件緊身衣，扎緊腰帶，但有時也著盔甲。戰車兵的衣甲是一種掛滿金屬片（板條狀或魚鱗狀）的外罩，達於膝部，膝部以下有車廂掩護。衣甲有短袖，可以保護肩部和上臂；下臂沒有護甲，為的是戰鬥方便。戰車兵的頭部，有的畫面上只戴頭巾，沒有頭盔；有的畫面不僅戴著頭盔，而且帶有與頭盔相連結的護頸，它像是用金屬鱗片製成，垂至肩部，保護著後腦、頸部、耳朵，甚至頷部——但這樣的裝備是少見的。戰車兵衣甲裝備的優劣同他們各自的地位相聯繫。

關於亞述軍事帝國戰車的威力，在基督教的《聖經》中有不少反映。例如〈以賽亞書〉中說：「他們的箭快利，弓也上了弦，馬蹄望之如堅石，車輪好像旋風。」（5．28〈那鴻書〉中說：「車輛在街上急行，在寬闊處奔來奔去，形狀如火把，飛跑如閃電。」（2．4）

關於亞述戰車的數量，並不清楚。古代作家如此記述：尼奴斯（傳說中的亞述王）的戰車總計達一萬一千輛，他的妻子和繼承人賽米拉米斯的戰車數量，據估計，達十萬輛。這一數字恐怕是被大大誇張了。但從所有這些誇張和臆造的論述中，人們仍可找到了解事實的一點跡象，那就是從很古的時候起，亞述人就對戰車給以高度重視。

在傑出的捷克學者赫洛茲尼的《西亞細亞、印度和克里特

・亞述戰車

・亞述戰士

上古史》（Bedrich Herozny, Ancient History of Western Asia, India and Crete）」書中有這樣的記載：「在美索不達米亞西北部屬於公元前三五〇〇年哈雷夫時代的遺址出土的陶器上，有一種雙輪戰車和馬的圖畫，可能是最古的戰車圖。」同書還記載：在巴比倫尼亞附近的捷姆迭特·那色文化層（約公元前三一〇〇～前二九〇〇年）中發現的一塊銘文上提到了馬。同時期的基什墳墓中發現了馬的兩個品種的骨頭。此書還描繪了捷姆迭特·那色文化時期一個印章上面的雕刻：一個獅王坐在王位上，其他動物奏著樂，向他朝覲，其中就有馬匹。如此說來，戰車似乎出現在公元前三五〇〇年，馬至少在公元前三一〇〇年已馴化。但也有部分研究不同意此說。

攻城智慧

亞述軍事帝國的戰鬥力比較強大，所向披靡，因此，敵人常常躲在城堡裡，據城頑抗。這就使亞述軍隊不能不在攻城戰上下功夫，攻城器械就是適應這種需要而產生的。亞述人攻城的方法有四：（一）是借助雲梯登城；（二）是利用破城錘毀城；（三）是利用投石器投射石塊；（四）是挖坑道。按現代觀點，他們也許可以歸入工兵。

攀登雲梯作戰的主力是步兵中的矛手。他們左手持盾，右手舉矛，首先登上雲梯。步兵弓箭手配合作戰，或跟隨在矛手後面張弓射箭，或單腿跪在地面射箭掩護。當然，作為掩護的還有投石手等。登雲梯作戰主要是步兵的任務。如果登雲梯攻城失敗，就要採取破城而入的方式。破城主要靠攻城器械。攻城器械有兩種：一種是破城錘，另一種是投石器。

破城車很多。有史料表明，在某次攻城戰中使用了七輛。這種被譽為「古代坦克」的車輛以輪運行，身披厚甲，其前部伸出之臂可撞毀城牆（看起來宛如坦克上之大炮），上部高聳之塔樓可掩護士兵對敵射箭，可謂古代威力空前的武器。破城錘的設計多種多樣，錘身是一根大木梁，頭部包以金屬皮，有的狀如矛頭，有的狀如喇叭槍口，有的還繪有獸頭圖形。破城錘罩以柳條、木材或獸皮製成的構架，藉以保護操作者。有的破城錘固定在城下；有的帶輪，可隨時移動。有時還有同破城錘及其構架結合在一起的活動塔（攻城塔），塔裡藏士兵，他們既可以在同一高度與敵人直接戰鬥，又可以保護器械，防止敵人破壞。為了防止敵人用火焚燒破城錘，一是備水，另一種方法是在破城錘前面張掛一塊不易燃燒的幔帳。敵人破壞破城錘的方法很多，我們從浮雕上看到一種用鏈環套住錘頭，然後將其吊起的辦法。亞述人的對策是用鉤子把鏈環勾住。破城錘一般是吊在鏈子上，由幾名或十幾名士兵搖動，直撞城牆。一般在地面上向城牆衝擊。有時在城牆外側堆起很高的土墩，然後把破城錘推到土墩上操作。因為城堡上面薄弱，容易打開缺口。另外，亞述軍隊也更易於越牆而入。古希臘人在伯羅奔尼撒戰爭中也利用過堆土墩攻城的辦法。

攻城的另一種器械是投石器。投石器最簡單的形式是由兩條繩索或帶子組成，上繫一小塊皮革，以兜石塊。投擲前，投石手像是先把這種武器在空中掄轉兩、三圈，以便增加投擲的動力。埃及人和羅馬人都是這樣做的。靠臂部投擲的力量，一是石塊小，二是距離近。想把巨大的石塊投擲到城上去打擊敵人，破壞城牆，必須靠機械的力量。亞述人投射機械的動力是借助閹牛筋製成的繩索用力絞緊後驟然放開的力量，這種力量據說可以把大約十公斤重的石塊投射到五百～六百米遠的地

・亞述的手投石器

・（左）亞述人圍攻城堡圖（右）亞述人的攻城器

方。現在保存下來的描繪亞述投石器械的圖畫，與羅馬投射石塊的巴利斯塔（Balista）相似，很可能是亞述人的這些攻城器械後來為猶太人、波斯人、希臘人和羅馬人所用。這種投擲大石塊的高大器械像破城錘一樣，也用構架保護著。構架是木結構的，上覆以帆布、氈或獸皮。從這種器械所拋出的石塊，形狀是不規則的，它能同時射出幾塊。不過，有關這種攻城器械，無論是在早期還是在晚期的浮雕中都是少見的。

亞述人的第四種攻城法是挖坑道。挖坑道的士兵是在戰鬥進行中隱蔽於城堡的牆角下偷偷進行的。人員不能多，只能一、兩人或兩、三人。他們用劍和矛頭，或用鐵梃和鶴嘴鋤挖掘牆基，破牆而入。他們的工作有時靠倚在牆上的高大而彎曲的柳條盾掩護進行；有時沒有任何掩護，全憑自己穿戴頭盔和衣甲。雖然挖坑道的士兵人數少，工作費時，但在戰爭中有時也起著很大的作用。

古巴比倫王國的「寓兵於農」制

古巴比倫王國傳至漢謨拉比，已建立起強大的中央集權專制國家。他總攬全國的立法、司法、行政、軍事和宗教大權，且把自己加以神化，自稱為偉大的天神之後裔。漢謨拉比政權的支柱是一支常備軍。他很注意軍隊的建設，為了保證戰時隨時可以召集士兵，採取了「寓兵於農」的政策。當時的士兵被稱為里都、巴衣魯。他們從國家領得服役份地（包括田園、房屋和牲畜），條件是隨時應召，隨國王出征。這種權利和義務以及有關事項，明確地列入《漢謨拉比法典》的條文中。法典第二十六、四十一條對此有詳細的規定。現將其中較重要的條

文列舉如下 ❶——

第 26 條 里都或巴衣魯奉王命出征而不行，或雇人以自代，此里都或巴衣魯應處死；代之者得其房屋。

第 27 條 里都或巴衣魯為王役而被捕為俘，此後其田園交與其他代服軍役之人。倘彼歸返鄉里，則應歸還其田園，由彼自行負擔軍役。

第 28 條 里都或巴衣魯為王役而被捕為俘，其子能服軍役者，應以田園予之，由其代父服役。

第 29 條 倘其子年幼，不能代父服役，應以田園三分之一交與其母，由其養育之。

第 30 條 里都或巴衣魯因其義務繁重，離棄其田園房屋，其後他人取其田園房屋而代之服役，已居三年，倘彼歸而要求其田園房屋時，不得交還之。取其田園房屋而代其服役者應擔負軍役。

第 31 條 倘彼離去僅一年即歸，則應交還其田園房屋，由其自服軍役。

第 33 條 倘德苦或盧布圖❷取得「強制徵募的兵士」或在王命出征時使用代人服役的雇傭兵而派遣之，此德苦或盧布圖應處死。

第 35 條 自由民從里都購得國王所賜予之牛或羊者，應喪失其銀。

第 36 條 里都、巴衣魯或納貢人之田園房屋不得出

---

❶ 引文據《世界通史資料選輯．上古部分》，商務印書館，一九九三年版。

❷ 巴比倫軍隊之指揮官職。

賣。

第 37 條 倘自由民買里都、巴衣魯或納貢人之田園房屋，則應毀其泥版契約，而失其價銀。田園房屋應歸還原主。

第 38 條 里都、巴衣魯或納貢人不得以其與所負義務有關的田園房屋遺贈其妻女，亦不得以之抵償債務。

第 39 條 如田園房屋係其自行買得，則彼得以之遺贈其妻女，亦得以之抵償債務。

從上述條文可以看出，寓兵於農的普通士兵（里都、巴衣魯）從國王那裡所領到的田地、園圃和牲畜是不得買賣、轉讓、遺贈和交換的。這樣就可以把他們固定在土地上，一旦國家有事，可招之即來。如果招之不來，則處以死刑。這種嚴刑峻法旨在保證寓兵於農制的永存，使漢謨拉比可擁有一支強大，隨時可以徵召的軍隊。寓兵於農制的實行既可以保持國家的實力（軍力），又可以節省軍費，增加生產。

從殺戮到移民

亞述人對待俘虜有兩種情況：一是對待戰場上的俘虜；二是對待占領區的民俘。後一種情況又可分成前後兩個階段：前一階段是把俘虜的居民當作奴隸加以奴役；後一階段已經帶有移民的性質。

亞述人對待戰場上的俘虜（戰俘）極其殘酷，其殘暴程度在古代世界相當罕見。他們對戰敗的敵人瘋狂地屠殺，很少有饒命的情況，因為當時亞述流行一種野蠻的獎賞辦法，即按士

・押送和屠殺俘虜

・錄事官記錄敵人的首級和掠獲物的數量（考揚吉克）

兵割掉敵人人頭的多少論功行賞。這樣，不論是負傷的敵人，還是解除武裝或投降的敵人，都難以在亞述人手下倖免。亞述人在營地裡設有專職的國王錄事官記錄士兵所割下的人頭及捕獲的其他戰利品數量。

考揚吉克的一個浮雕生動地向人們展示了這一場面。在這幅畫裡有兩名亞述士兵向站在面前的國王錄事官呈獻人頭。

亞述人對戰俘除了有割頭的習俗外，還有其他一些更殘酷的手段。例如，一個描繪攻城戰的浮雕呈現出亞述人將一些俘虜赤裸裸地戳在尖頭木樁上；另一個浮雕上，亞述人將兩名俘虜釘在地上（釘四肢），用刀子剝他們的皮。

亞述人對佔領區所實行的燒光、殺光、搶光政策，給佔領區人民帶來嚴重的災難。僅《國王辛那赫里布年代記》裡記載：佔領和毀滅了七十五個城和四二〇個居住地，劫走了二〇八〇〇〇人，以及無數牲畜和財富。侵略者的野蠻征服造成了赤地千里，慘絕人寰的景象，激起了被征服地區人民的強烈反抗。據亞述《名年官表》的簡略記載，各地曾發生多次反抗鬥爭。亞述侵略者不得不重新考慮對被征服地區人民的統治政策。因為如果仍然採取燒殺掠奪、竭澤而漁的政策，非但不能得到更多的好處，反而會引起被征服地區更大規模的反抗鬥爭。同時，從公元前八世紀開始，鐵器已普遍推廣，生產力有了很大的提高，各生產部門對奴隸的需求日益擴大。這些實際情況使得亞述侵略者改變了以前的三光政策。

所以，從提格拉特·帕拉沙爾三世開始，對被征服者採取了另一種政策。除了對少數堅決抵抗的人仍進行無情的鎮壓外，一般採取強制移民的辦法：把他們遷出原地，安置於一個遙遠的不同種族、不同語言的新地區，使各民族雜居，難以組織反抗亞述人的統治，而那些空出的土地則讓亞述人或其他被佔領地區的居民遷移前去。例如，當辛那赫里布的大軍開到猶太時，亞述的特使曾到耶路撒冷，向猶太王和當地居民宣傳：「亞述王如此說：你們要與我和好，出來向我投降……等我來領你們到一個和你們本地一樣的地方，就是五穀和新酒之地，有糧食和葡萄園之地，有橄欖樹和蜂蜜之地，好使你們存活，不至於死。」征服者常把數萬或十幾萬被征服者從一地遷移到另一地，以一個或幾個家庭為單位，分散安置在不同地區，分配給他們土地和部分生產資料，徵收他們的賦稅。這種政策在客觀上，不論是對被征服地區的居民，還是對社會生產力的發展，都具有一定的積極意義。

「巴比倫之囚」

耶路撒冷城被圍三年後，到了公元五八六年，這個猶太王國的京城，猶太人的宗教聖地，終於被新巴比倫國王尼布甲尼撒二世攻破。猶太人由於與埃及結盟，反抗巴比倫的統治，拒絕向尼布甲尼撒納貢，遭到殘酷的報復。王宮化為廢墟，聖殿被付諸一炬，全城財富被搶劫一空，猶太人崇拜的耶和華的聖物——約櫃，也不知去向。轉瞬間，著名的大衛—所羅門時代建立起來的耶路撒冷城蕩然無存。勝利者按照美索不達米亞人的習慣作法，把全城的居民，包括貧民、工匠、貴族，甚至還有已被弄瞎雙眼的猶太王西底家，和一車車掠來的財富一起，押往巴比倫。據《聖經·舊約》記載，猶太王及貴族、官吏全部被擄，「除了極貧窮的人以外沒有剩下。」從此，猶太王國不復存在。

可憐的猶太居民成群結隊，被繩子串在一起，一連數月，

・巴比倫之囚

在大沙漠上艱苦跋涉，遷往異國他鄉，一路上不知留下多少屍體。回望家鄉，一片渺茫；何日回鄉，更是遙遙無期。猶太人為何會走上這條痛苦之道？這，還得從頭說起。

猶太人的祖先約在公元前二〇〇〇年時，從幼發拉底河流域遊牧到了迦南地區（即今巴勒斯坦），當地人叫他們「哈比魯人」（Habiru），意思是「從大河那邊過來的人」。後來以一音之轉，變成希伯來人（Hebrew）。公元前一〇〇〇年左右，他們開始自稱「以色列人」，因為相傳他們的族祖雅各被神賜名為以色列。以色列（Israel）是「與神角力」的意思。傳說雅各曾於夜間和天使摔角，直到天亮，天使叫他改名以色列。他的後代生齒日繁，在巴勒斯坦形成兩個部落聯盟：北方的叫以色列，人數較多，地盤也大而肥沃；南方的叫猶太，人數較少，土地磽确。其後，猶太部落的大衛王征服了各部落，成立了統一的王國，國勢空前強盛，文化繁榮。但在他的兒子所羅門死後（公元前九三三年），王國分裂為二：北國以色列，南國猶太。分裂後，兩國在政治上開始走下坡，日趨衰微。公元前七二二年，強大的亞述征服了以色列國，毀滅了它的都城撒瑪利亞，把被俘的以色列王和有才能或富有的以色列人流放到很遠的地方，以色列就此滅亡。猶太王見勢不妙，以重金賄賂亞述，才免遭塗炭。不過，這並沒能改變猶太王國滅亡的命運。大約又過了一百多年，猶太國終於被新巴比倫王國所毀，出現了本文開始時所描述的場面，猶太人被迫流亡巴比倫。這就是歷史上所說的「巴比倫之囚」的開始。

淪為囚虜的猶太人在巴比倫難民營中終日服役，苦度時光，最後一代猶太王也悲慘地死在他鄉。直到尼布甲尼撒二世去世，猶太人才獲得人身自由。他們感到重歸故國已經無望，因此在巴比倫尋找各種可以謀生的職業，如經商、放高利貸、做雇工等，多是他們樂於從事的。對於來自偏遠城市耶路撒冷的猶太流亡者來說，巴比倫真是一個令人大開眼界的世界。這時，巴比倫已是最重要的國際貿易中心。

巴比倫的建築堪稱傑作。它有三道城牆，牆寬得可以在上面通行四輪馬車；城牆周圍有數百座塔樓和一套複雜的水利系統，可以在敵人來犯時，引幼發拉底河水淹沒城外土地。整個城市有四通八達的街道，街道兩旁有許多雕塑，市中心坐落著被希臘人譽為世界七大奇蹟之一的空中花園和馬都克神廟。街道上行人熙熙攘攘，商販高聲叫賣，作坊裡叮叮噹噹，來自各地的人說著不同的語言。

在這樣的環境中，猶太流亡者逐漸發生了變化，有些人經商、放高利貸，成為金融大王，社會地位提高了，有些人在共同生活中被當地人同化。但是，大多數人還是念念不忘故國，思鄉之心越來越重。這些人對巴比倫的良好生活條件並不動心，只盼有朝一日能重歸故土。他們聚居在一起，保持著本民族古老的風俗習慣，施割禮、做祈禱，崇奉耶和華。逐漸，一種新的思想在猶太人中蔓延。他們相信，猶太人苦難的日子已為時不久，耶和華一定會派救世主降臨，拯救他們，讓他們重返家園，復興猶太王國——唯一的宇宙之神耶和華將保佑這個國家。這就是後來廣泛傳播的猶太教的起源。

公元前五九四年，猶太人重返家園的夙願終於實現。不過，這不是由於救世主降臨，而是新興的波斯帝國征服了新巴比倫王國。波斯國王居魯士為了以耶路撒冷為跳板，征服埃及，允許猶太人返回家鄉，並把巴比倫人搶來的財寶發還猶太人，讓他們重建耶路撒冷。流亡多年的猶太人踏上歸途，浩浩蕩蕩四萬多人，其中大多數是在異邦備受艱辛而不得發跡者。他們日夜兼程，跋山涉水，數周之後，終於望見躺在廢墟中的耶路撒冷。激動不已的猶太人有的嚎啕大哭，有的禱告上蒼，齊聲感念耶和華。「巴比倫之囚」時代結束了。不過，猶太人歷經數千年的流亡生活，才正要開始呢……

Chapter 10
文化交流篇

蘇美爾文明是外星人創造的嗎？

在古埃及歷史上，存在所謂的「金字塔之謎」。埃及金字塔在四、五千年漫長的歷史歲月中，始終籠罩著神祕的面紗，充滿各種各樣的傳聞。例如，金字塔隧道正對著北極星，任何時候都可觀察到北極星的變象；塔高的平方正好和等邊三角形的面積相等；穿過金字塔的子午線正好把大陸和海洋平分成相等的兩半……以至於人們猜想，金字塔是「宇宙人」造的，他們不僅擁有電腦和起重機，而且操作著激光（雷射光）測距儀。也有人認為，大金字塔並非陵墓，而是天外來客在地球上留下的「里程碑」……

古美索不達米亞也同樣存在著許多未解之謎。巴格達博物館中保存著被認為是古代電池的殘片；蘇美爾人的天文學異常發達，他們的天文台測得的月球自轉值和今天的觀測結果只差不到〇．四秒；在尼尼微發現了一道計算題，其答數按照我們現在的寫法，是 195,955,200,000,000——一個十五位的數！我們經常提到，並且已做了廣泛研究的西方文化的祖先——希臘人在他們文明的鼎盛時期，從來沒有超過 10,000 的數，超過這個數就被簡單地稱為「無限」。

烏爾的楔形泥版文書中記載了在天空乘坐飛船的神，記載了來自其他星球，擁有可怕的武器，後來又返回自己星球的神；蘇美爾人泥版中的星星和我們今天描繪的星星是一樣的，但在這些星星的周圍還畫著大大小小的行星——蘇美爾人缺乏我們今天的觀測技術，他們又是如何知道一個恆星會有行星呢？這些令人驚訝的發現還可以大大擴充，並且也產生了一種「蘇美爾之謎」。

對此人們做了種種猜測。有人認為，越來越多的證據表明，古代和史前時期的人，尤其是蘇美爾人，比我們想像的更為聰明；有人從心靈力量、先知先覺、心靈感應、鬼神作祟等方面猜測蘇美爾文明的產生；也有人認為是古代太空人訪問了美索不達米亞，把處於半野蠻狀態的蘇美爾人召集攏來，並把某些知識傳授給他們，使蘇美爾人在短時間內有了天文學，有了文化，有了技術。

其中最著名的代表是厄里希・豐・丹尼肯（Erich Von Daniken，一九三四～？年）。他出生於瑞士左芬根一個保守的天主教家庭，僅受過中等教育，全靠自學成才。十九歲起，他開始按照基督教教義，研究人類起源，即上帝造人的問題。他周遊世界許多地方，參觀、考察古文物和古遺址，還收集了世界上許多民族的宗教史料和神話、傳說。一九六八年，他將研究成果寫成了《眾神之本》（Chariots of the Gods）一書，提出了一個「上帝即外星宇航員（太空人）」的說法。他認為，上帝是存在的，他就是從外星球飛來的宇航員領袖。上帝率領眾神（宇航員），駕「車」（宇宙飛船）在一～四萬年前多次光臨地球，地球上的人類及迄今為止的文明都是眾宇航員安排的。他認為，世界各民族的神話、傳說、《聖經》及其他宗教典籍中的神，其原型都是古代到過地球的外星宇航員；散布世界各地的神祕古代文物和遺址是他們曾經降臨過地球的實證。他關於蘇美爾文明的主要觀點是——

他假定外來的宇航員在數千年前訪問了美索不達米亞，他們為蘇美爾人打下了文明和文化的基礎。待其發展之後，他們就返回自己的星球去了。好奇心驅使他們每隔一定時問後返回他們所開闢的地方，檢查一下他們實驗的結果。過了幾百年，蘇美爾人已經建築了許多城堡、層級金字塔和舒適的房子，他們祭奉外來的宇航員為神，並且等待他們回來。過了幾百個地球年之後，他們確實又回來了。蘇美爾楔形銘文上寫著：「後來『洪水』來了。『洪水』過後，王又一次從天下臨。」

蘇美爾人想像和描繪的「神」、是什麼形狀的呢？蘇美爾人的神話（如《吉爾伽美什史詩》）和一些阿卡德泥版與繪畫提供了有關的情況。在他們的圖畫中，「神」的頭上頂著星星，有的乘坐帶有翅膀的球。還有一幅圖畫，使人立刻聯想到原子的模型：許多球一個接一個排成一圈，並且交錯著放射出光芒。

近年來，隨著科學技術的發展和人類認識的不斷深入，研究者已否定了丹尼肯的假設，認為他的書籍是錯誤推理的綜合典型，充滿了許多謬論。他的獨特之處在於他對事實都加以過濾，並有意用過濾的事實，使讀者相信只有他的解釋是完全說得通的。但事實上，這在考古學臻於成熟並在考古學中已應用了自然科學複雜定量技術的時代，容易使人們對古人的認識變得模糊不清。因為，在科學技術日益發展的今天，人們發現的古蹟也越來越多，如果有人願意為「一群古代宇航員開創了我們的文明世界」搞出一個例證，只需要簡單地翻閱一下附有揮圖的考古學著作，就很容易找出幾十例古代技術的奇蹟看上去很像宇宙飛船的原始圖畫。

當然，丹尼肯的理論既無法證明是錯誤的，也找不到任何可以肯定它的證據。然而，與之相對的理論，即文明世界是社會進化過程的結果，卻有無數的論據。蘇美爾文明是生活在那裡的勞動人民經過艱辛的勞動而創造的，隨著時間的推移，這種文明的積澱為後來所繼承，並加以發揚光大，成為古代文明世界一顆璀璨奪目的明星，照亮了周圍的世界。這其中有許多難解之謎隨著時間的自然推移，加上歷史學家、古文學家、考古學家、民俗學家的共同努力，已得到合理的解釋。相信在不久的將來，隨著人類歷史的發展、科學技術的進步，尤其是文獻資料和地下出土文物的不斷湧現，一些「謎團」終會被揭開。當然，也有一些「謎團」會被歷史的長河所湮沒。

漢族起源於蘇美爾嗎？

中國文明是否外來，這個過去曾經爭論不休的問題，在今天已不成其為問題了。近年來，我國各地先後發現了許多原始人的骨骼化石及大批石器時代的遺物，足以證明：中華民族源遠流長，自古以來就生長繁衍在東亞這片遼濶廣大的土地上；中國的古文化是在自己的土地上發展起來的。但在西方，曾有幾個主張「中華民族西來說」的學者看到古代中國與兩河流域的陰曆、文字形狀、陶器及洪水傳說有某些相似之處，便牽強附會，輕率地認為中國人是從兩河流域遷移而來。

自明末清初以來，歐洲來華的傳教士對中國文化的介紹與研究逐漸深入，歐洲學者對中華民族的由來開始大感興趣。在中國典籍中，時時提及西方，如周穆王西巡崑崙，會見西王母；《逸周書王會解》所載來朝各國中，多為西方古國，如渠搜（也有人認為渠、搜是兩個國家）、月氏、大夏等；《詩經》中有「西方美人」之說；《列子》中有「西方聖人」之語；而黃帝登崑崙及命伶倫赴崑崙採竹以製樂器（伶倫造律）的傳說也同時傳入歐洲，歐洲人乃以為中華民族起源於西方[1]。

一八九四年，倫敦大學教授拉克伯里（Terrien de Lagouperi）在《早期中國文化源論》中，首先提出中國古代之「百姓」即巴比倫之巴克族（Bak），百姓即為「Bak」之音譯，黃帝為有熊氏，而有熊氏即 Kudur-Makhunte，為巴克族之酋長，神農氏即薩爾貢（Sargon），倉頡即迦勒底人 Dungi。其說一出，風靡一時，附和者不乏其人。

在日本，白河次郎、國府種德也於一八九九年出版《中國文明史》一書，列舉中國與巴比倫在學術、文字、政治、信仰、傳說方面之相同者共七十條，以證明中華文明源於巴比倫。

一九一三年，英國傳教士 C．J．波爾出版《Chinese and Sumeria》一書，也提出了中國文字源自巴比倫的觀點。反對著亦有之，如法國人沙畹（E. chavannes）從語言學角度證明

[1] 此說最受清末民初中國學者的歡迎，因為當時反滿情緒很高，漢族西來說可作為漢族不同於滿族的佐證。如丁謙的《中國人種從來考》、《穆天子傳地理考證》，蔣智由的《中國人種考》，章炳麟的《檢論序種性》、《種姓編》，劉師培的《國土原始考》、《華夏篇》、《思祖國篇》，黃節的《立國篇》、《種源篇》等都持此說。

黃帝即巴克族之酋長（Kudur-Makhunte）一說為誤；德國人夏德（Hirth）著《中國太古史》，亦不贊成中華民族來自兩河流域的觀點。

持「中華民族西來說」之觀點者認為，漢字起源於蘇美爾文字的根據有三：（一）蘇美爾是人類迄今為止所發現最古老的文字。（二）蘇美爾文字的許多圖畫表詞字在形式上同漢字相應的表詞字近似，如水、火、人等的符號。（三）科學上已知道蘇美爾文字發展的幾個初期階段由帶圖畫文字某些成分的表詞文字到表詞、到音節文字，這一發展過程延續了約五百年；而漢字體系，在我們見到的它們的最古老的文物中，似乎已是幾乎成形、發達的表詞文字體系了，它們已具備許多表音符號。

現在這些證據早已為學者所駁斥，至今已為人們所唾棄。上述三個論據中的第一個（蘇美爾文字十分古老）並不是什麼證據。第二個（有許多表詞字形式相似）也證據不足。圖畫表詞字通常仿造外部世界的物體，而大部分這些物體（如人、身體各部、動物、植物、土地、水、火等等），到處都有處理共同之處，無怪乎類似的符號出現在不同民族的花紋圖案和圖畫文字中。此外，不同文字體系的共同特徵可以用不同民族在創建這些文字時處於相同的社會發展階段來解釋。最後，古老的圖畫表詞字除了有某些相似的特徵外，在許多方面，根據蘇美爾和中國自然景觀、生活習慣的差異，他們彼此之間在形式上也是很不相同的。至於第三個證據，也是站不住腳的。

說到漢字的古老文物——殷代的甲骨文，它們確實表明漢字早已形成為純表詞文字體系（只有宗教儀式用的青銅器皿上的某些圖象，才有殘餘的圖畫文字之性質）。正是由於有關漢字發展最初時期的情況幾乎缺少充分的材料，所以提出漢字起源於蘇美爾文字的假說是完全站不住腳的。與漢字相較，對蘇美爾文字發展最初階段的研究比較充分，這可能是因為蘇美爾人使用的書寫材料比較堅固耐用之故。相反，漢字的書寫材料（骨頭、木片）卻容易腐爛。至於說到漢字比楔形文字發展快，這種發展速度應該是決定於：漢字的文字體系形成於中國（殷商時期）統一為強大的奴隸制國家的轉折時期。在蘇美爾，奴隸制和國家體制的發展速度比較緩慢，直到公元前三千年代中期，蘇美爾才只有幾個不大的城邦國家。因此，可以肯定，中國文字並不是借助於蘇美爾文字而產生的，其相似處是由於蘇美爾、中國在各自文字體系形成的歷史時期內，處於大致相同的社會條件和發展水平的緣故。

關於漢族起源於蘇美爾的另一個根據是中國的彩陶製作在時間上晚於蘇美爾。這一說法是由瑞典人安特生（J·G·Anderson）提出的。他於一九二一年，在河南澠池縣仰韶村發現許多陶器，其中多數為紅陶，所以把這種文化稱為「紅陶文化」、「彩陶文化」或「仰韶文化」。安氏以為：「巴比倫在公元前三千五百年即有彩陶，中國彩陶遠在其後，故必由西來。」安氏的中國文化西來說錯誤之處甚多。他曾認為仰韶遺址可推至公元前四千年。如此說來，怎能證明仰韶文化遠在巴比倫之後？今天的考古已證明仰韶文化在公元前五〇〇〇年～前三〇〇〇年之間，自是徹底否認了安氏的說法。

美索不達米亞文明對赫梯文明的影響

在古代美索不達米亞文明走過近二千年的發展之後，有「百衲衣」之稱的赫梯文明才剛剛起步。古代印歐赫梯人是赫梯文明的主要創造者。公元前二〇〇〇年，他們逐步從遊牧狩獵向定居農耕過渡，不斷受到兩河流域先進文明的影響。目前，學者們普遍認為，這一影響最早很可能是在他們遷徙並途經美索不達米亞北部和西北部地區的過程中開始的（約公元前二〇〇〇年前後）。而在古亞述商人貿易殖民時期，他們已經與古亞述人有了直接、廣泛的接觸，並已滙入小亞土著文化和美索不達米亞文化相交流的潮流之中。從這一時期到赫梯古王國、中王國、帝國時期，赫梯人不僅通過與美索不達米亞人的直接交往，而且先後通過古代哈梯人、北部敘利亞人和胡里特人，間接學習和接受了美索不達米亞文化。美索不達米亞文化的影響貫穿於赫梯文明發展的全過程。

這一影響充分反映在赫梯語文、宗教、神話傳說、醫學、經濟及藝術等各領域。

赫梯人早在古王國初期已從北部敘利亞初步學習掌握了楔形文字的書寫方法。帝國時期，隨著巴比倫書吏和亞述書吏先後在赫梯國都哈吐直接從事楔形文字教學和傳授工作的不斷深入，赫梯書吏對楔形文字的學習進入一個新的階段，完全掌握了這一外來符號的書寫方法，因而楔形文字成為赫梯人表達本民族印歐語和記載國王功德、歷史、宗教、經濟活動及文學作品的書寫符號。如歷史上著名的赫梯—古埃及平等條約，即所謂「銀板條約」，最早就由簽約雙方分別用楔形阿卡德語起草。這一時期也出現了蘇美爾、阿卡德和赫梯詞彙對照表。這些詞彙對照表無疑是赫梯書吏學習楔形文字的課本。通過對赫梯和巴比倫各類文獻的比較研究，也可看出赫梯歷史文獻、書信、史詩及土地贈與文書的寫作格式普遍受到阿卡德文法的影響。

在宗教領域，美索不達米亞人的神名出現在赫梯語的各種文獻中。巴比倫埃阿神和達姆基那神正如馬都克神一樣，受到赫梯人的崇拜。即使是蘇美爾的神靈，如阿拉魯神、安吐神、阿努神、恩里爾神和尼恩里爾神等，也為赫梯人所崇拜——他們成為赫梯萬神殿的一部分。

預知未來發生的事是巴比倫人宗教生活中一項特有的活動內容，預兆活動十分豐富。大量阿卡德語的預兆文獻出土於赫梯皇室檔案庫，涉及的內容極為廣泛，包括占星術、分娩、雷雨、地震、觀相術和夢覺等預兆。這些文獻的成文年代經確定，是在公元前十四～前十三世紀間，大概是這一時期直接從兩河流域傳入小亞的。

赫梯宗教儀式也無不滲透著美索不達米亞文化的影響。通過對赫梯人和美索不達米亞替身宗教儀式的比較研究，可以看出，赫梯國王的替身儀式與美索不達米亞人的這一宗教習俗非常相似。在美索不達米亞，日食的出現，意味著國王即將壽終正寢。因此，國王的一個替身物將被暫時擺放在御座上，以死者的身分取代真正的君主。這樣，國王便可獲得新生。這一記載與我們在赫梯宗教儀式文獻中看到的內容完全一致。此外，巴比倫人治療失眠症的宗教儀式，或許也為赫梯人所效仿和運用。

美索不達米亞人的神話文學作品也為赫梯人所學習和傳頌。從史詩、傳說到故事，這些異域神話文學作品相繼在赫梯皇室檔案庫中發現。其中最著名的是《吉爾伽美什史詩》。這篇史詩文獻流傳下來阿卡德語、赫梯語、胡里特語三種不同的語言文本。它是赫梯書吏學習美索不達米亞神話文學的主要作品。

美索不達米亞神話作品已具備了真正文學作品的某些特點，並形成了若干文學體裁。回憶錄便是其中一種。綜觀赫梯文獻，回憶錄已被赫梯人借鑒並廣泛運用到諸如文學和歷史等各種文獻之中。這一體裁的運用在赫梯古王國時期的文獻中已得到證實，且多見於帝國時期。因此，它對赫梯文學的發展及文獻寫作的影響十分顯著。

蘇美爾語、阿卡德語、赫梯語三種不同語言的格言文獻在哈吐沙的發現表明了赫梯人學習巴比倫格言和諺語的興趣。這些短小、簡明的民間諺語和格言很可能不僅是赫梯書吏學習蘇美爾語和阿卡德語，而且還是學習美索不達米亞學的教材之一。此外，赫梯研究者還發現了幾篇阿卡德語的「智慧文學」；其中一篇是雙語文獻，赫梯語譯文亦保存下來。但是，到目前為止，還沒有發現任何一篇屬於赫梯人自己的智慧文學。因此，美索不達米亞文學對赫梯人的影響已不局限於傳頌幾篇史詩和神話作品了。總之，那些具有真正文學性質的美索不達米亞文學作品的傳入，促進了赫梯神話文學的發展。

美索不達米亞經濟對小亞半島的影響早在古亞述商人貿易殖民時期就已開始。根據公元前十九世紀古亞述時期的文獻記載，兩河流域和小亞半島東部、東南部地區之間已建立起貿易往來關係。小亞半島的金屬製品，特別是銅，通過古亞述商人出口到兩河流域，換取美索不達米亞人的羊毛、穀物等產品和錫。隨著古代西亞各國間貿易往來的日趨頻繁，銀逐漸成為各國貨物交換的媒介。赫梯人也將其作為他們對內對外交換時使用的主要流通貨幣。顯然，赫梯人適應了該地區經濟發展的需要，接受美索不達米亞人以銀充幣的貨幣體系。赫梯人使用的重量單位名稱主要有塞克爾和米那兩種。事實上，這是阿卡德語；它作為重量單位名稱，在美索不達米亞早已廣泛使用了。

巴比倫醫學對赫梯人的影響隨著阿卡德語醫學文獻在哈吐沙的發現和破譯，得到了證實。它們分別是藥典、治療結膜炎和感冒發燒的處方，還有的則涉及自然分娩和治療陽痿等方面的內容。這些醫學文獻很可能均出自赫梯書吏之手，因為文獻中的許多阿卡德文句法不規範，某些藥方還出現了錯誤。赫梯語醫學文獻也同樣包括了治療疾病的藥方，與巴比倫同類藥方相比，內容也完全相同。它表明醫生在很大的程度上依賴巴比倫人的醫學技術。更重要的是，巴比倫醫生也活躍於赫梯都城。我們可以從哈吐什里三世致巴比倫王長邁什邁・恩里爾的一封信中，清楚地了解巴比倫醫生在赫梯的行醫不僅傳播了古美索不達米亞人的技術，對赫梯醫學的發展也做出了重大的貢獻。

赫梯藝術領域中的美索不達米亞文化成分主要體現於雕刻藝術方面，諸如雕刻技巧、手法和圓形等技術。巴比倫人使用的是一種粗線條、具有可塑性的浮雕藝術，而這一雕刻藝術風格已充分體現在赫梯人的作品中，如哈吐沙各城門的雕像。圓柱形圖章是古美索不達米亞人的一大發明。公元前二十世紀初，隨著古亞述人與半島土著哈梯人和印歐赫梯人間頻繁的貿易往來，它也隨之出現在這一地區。許多印章在哈吐沙的發現已證實了這一論斷。可見，當時的赫梯人已掌握了雕刻和製作印章的方法了。

另外值得一提的是活躍在赫梯的巴比倫雕工。從赫梯國王哈吐什里三世致巴比倫國王的信中，我們了解到這位赫梯國王曾不止一次向巴比倫國王請求派遣雕刻工，並做出了一旦雕刻工完成了他們的工作，就立即送他們回去的許諾。由此可見，雕刻工作在古代西亞的重要地位及赫梯對巴比倫文化的嚮往。這封書信的發現，為證實美索不達米亞藝術對赫梯藝術的影響提供了有力的文獻證據。

美索不達米亞文化的巨大影響，加上其他幾支外來文化的影響，使得赫梯文化在短短幾百年裡形成一個融合多種文化、文明程度較高、頗具特色的文明體系，不僅在古代近東地區，即使在同時代整個古代文明世界也獨樹一幟。

蘇美爾文明對埃及文明的影響

產生於近東地區的幾種文明相對於我們現在來說，是如此接近，以至於我們有時難以分清誰先誰後，或者說誰影響誰。現在我們所知的人類最早的有記錄的歷史是蘇美爾人的歷史。但或許是因為那兒的自然環境太過惡劣的緣故，人們很難相信蘇美爾文明是人類歷史上的第一個文明。《漢謨拉比法典》和《烏爾納木法典》相似，這說明巴比倫文明來源或孕育於蘇美爾和阿卡德文明。在亞述（Ashur）和薩馬拉（Samara）發現的小雕像及其他文物，說明這些東西和蘇美爾有某種淵源，這些傳統後來又為亞述人所繼承。巴比倫和尼尼微的神話傳說都是蘇美爾神系的變形或發展；前者的語言就像法語、意大利語相似於拉丁語一樣，和蘇美爾語相似。

施旺福斯（Schweinfurth）已提醒人們注意以下有趣的事實：大麥、黍和小麥的耕種，牛、山羊和綿羊的飼養，事實上比我們有其記錄的埃及、美索不達米亞的出現還要早，這些動植物的栽培和飼養最早可能不是在埃及，而是在西亞——特別是也門和古阿拉比亞。他推論，文明——也就是在植物的栽培和動物的飼養這個意義上的文明——出現在沒有歷史記錄的阿拉比亞，然後呈倒三角狀，傳播到美索不達米亞（蘇美爾、巴比倫尼亞、亞述）和埃及。目前這只是一個假設，因為現有的關於古阿拉比亞的資料還很少，不足以證明這種想法。

可以確定的是，埃及文化中有些特定因素來自蘇美爾和巴比倫尼亞。我們知道埃及和美索不達米亞之間的貿易往來——肯定是通過蘇伊士地峽，也可能是通過埃及在紅海的一些河流的出口處進行的。一看地圖，你就會明白，為什麼綜觀埃及歷史，它是屬於西亞的，而不是非洲大陸的原因：貿易和文化可以沿著地中海沿岸到達尼羅河。但是，地中海南方的不遠處就是大沙漠，加上尼羅河上的一系列瀑布，使得這一地區與非洲大陸隔開了。自然，我們就會在埃及文化中找到許多蘇美爾因素。

更進一步說，埃及的語言和近東的閃語也有姻親關係。前王朝的圖畫文字似乎就來自蘇美爾。圓柱形印章這個美索不達米亞的特產也出現在埃及歷史的早期，但不久又消失了，似乎是本地產品取代了它。第四王朝之前，埃及人不知道陶工旋盤——在蘇美爾很早就知道使用；大概陶輪和馬拉戰車是從美索不達米亞傳入埃及。早期埃及和巴比倫尼亞的權標頭在形制上完全一樣。在 Gebel-el-Arak 發現的屬於前王朝的精緻燧石刀，上面刻有美索不達米亞主題和風格的雕像。銅也是首先出現在西亞，然後傳到埃及。早期埃及的建築也像美索不達米亞一樣，在磚牆上用壁龕嵌板做裝飾。前王朝的陶器、小雕像、裝飾畫在許多情況下，都和美索不達米亞的同類物相同，或者明顯相似。曾有一度，人們認為埃及為人類文明之肇始，但在烏爾所發現的雕像及其雕刻的風格，說明這類藝術的主題屬於蘇美爾。換句話說，蘇美爾文明中的一些因素影響了埃及文明。

埃及極易受到蘇美爾的影響。但是，儘管埃及人從兩河流域吸取了不少東西，不久，這些東西就融入埃及自己的獨特文明中——埃及文明仍然是人類歷史上最輝煌、最偉大、最高雅、最有吸引力的文明之一。蘇美爾文明只是一種粗糙的開始，不久，希臘和羅馬就超越了它。

傑出的學者艾略特．史密斯（Elliot Smith）極力否認埃及文明的部分因素來自蘇美爾。他指出，儘管埃及不知道自然生長的大麥、黍、小麥，但我們在那兒發現了最早的農耕文化跡象。並且，他相信是埃及的農業和文明傳到了蘇美爾，而不是相反。同樣地，美國研究埃及學最著名的學者布蘭斯特德（Breasted）也不相信蘇美爾文明的先進性。布蘭斯特德博士相信埃及文明至少和蘇美爾一樣古老。他也否認施旺福斯的假設：在阿比西尼亞已發現處於自然狀態下的穀物。

厄布拉——
深受蘇美爾文明影響的死城

據美國《國家地理》雜誌一九七八年第七期、法國《歷史》雜誌一九八〇年第三期報導，在敘利亞沙漠地區發掘出沉睡了三千多年的死城——厄布拉（Ebla）遺址。這是本世紀轟動世界的重大事件之一。

從蘇美爾沿幼發拉底河溯流而上，至厄布拉，有將近兩千里的路程。在早王朝後期（公元前二九〇〇～二三七一年），厄布拉已和蘇美爾有密切的關係。從厄布拉遺址發掘出來的一六五〇〇多塊泥版文書，大多數以蘇美爾楔形文字寫成；其它一部分雖屬厄布拉語，亦以楔形文字書寫。考古工作者據此得知，在大約公元前三〇〇〇年代中期，厄布拉已是西亞較強盛的城市。其統治者是選舉產生的，任期三年，可以連選連任。統治者具有無限的權力，獨攬政治、經濟、軍事、司法和宗教等大權。在他就職時，要舉行奇特的塗油禮——這是作為一國之王，與眾不同的特殊榮耀禮儀。城裡居住著三萬多人；加上周圍農村人口，共有三十萬左右。

在這兒還發現了一部厄布拉—蘇美爾辭典。它可以說是世界上最早的雙語辭典。由此可見蘇美爾、厄布拉兩地文化交流之深。厄布拉屬塞姆族，其語言與日後的希伯來語較接近。這就說明了敘利亞的塞姆人城邦接受蘇美爾文明要比阿卡德早了數百年。

厄布拉的國際貿易活動相當頻繁，它統治著一個相當龐大的商路網，現已發掘出的泥版中竟有一萬四千塊是有關經濟貿易事項的，其中提到的有貿易聯繫的西亞地名達五千餘處，除了蘇美爾，與黎巴嫩、巴勒斯坦、埃及、伊朗皆有商業往來，並可能是西亞最早使用金銀貨幣的城市。此外，厄布拉還有豪華宏大的王宮。王宮共有樓宇三層，宮牆高達十五米，布局相當和諧，建築技巧精湛，堪稱建築藝術之精華。王宮經管貿易和掌握檔案的傳統亦與蘇美爾相同。

這些都表明厄布拉是蘇美爾文明延伸最遠的一個據點。在蘇美爾文明影響下，厄布拉創造了光輝燦爛的文化，經濟和商業貿易繁盛一時；阿卡德的薩爾貢統一蘇美爾後，接著用兵於此地，也就事出必然。不過，薩爾貢雖一度征服了它，塞姆族的厄布拉仍然極力保持其獨立傳統，並屢有反抗。它在公元前二二六〇年再度被阿卡德軍攻陷並遭嚴重破壞後，也再度獲得復興，直到古巴比倫王國時期，仍是敘利亞的重要文化、經濟中心。蘇美爾文明就是在這種暴力（有時也透過和平）交往中傳播並光大的。

光芒四射的美索不達米亞文明

文明是一個包含眾多含義的詞。對一些人而言，她意味著眾多城市和技術進步；對另一些人而言，她意味著高尚的道德、倫理觀念及藝術上的偉大成就。但不管用什麼標準衡量，美索不達米亞都是人類文明的搖籃，因為這裡的人首先創造和發展了——其存在的時間至少在三千年以上——一種城市的、文明的、技術上複雜的社會，這裡的人有著共同的價值觀，對世界的起源和次序也有著同一的認識。

為什麼會如此——美索不達米亞為什麼會首先在人類的進化中起著如此重要的作用——到目前為止，人類還難以做出合理的解釋。顯然這裡的環境對人類的初期生活，並不是一片樂土。灼熱、乾燥、狂風時時刻刻陪伴著人們，林木、石頭與礦藏極其缺乏，這樣的地方幾乎是不太可能引導和影響世界文明的。然而，美索不達米亞卻成為富裕的天堂和創造力極為豐富的地方，這實在是有賴於此地人民的超人智慧和創造性的豐富。不斷地觀察、思考和實踐，使得他們逐漸掌握了什麼是重要的，了解什麼是可能的。與其他古代民族根本不同的是：美索不達米亞人創造出一種由中庸和平衡調節的生活方式。在物質和精神兩方面——政治和經濟上、信仰和倫理上——他們在理性和想像、自由和專制、知識和神祕之間達到一種可實踐的中庸之道。

更重要的是，美索不達米亞是一個「開放」社會。儘管此地居民自認為是「選民」，但這並不意味著他們是個地方性民族。他們已經意識到世界上有許多別的民族，當然也就沒有使自己與外部世界失去聯繫。因此，他們在輕視與他們為敵的鄰居之同時，也敬畏西方的埃及人和東方印度河谷地的民族。事實上，美索不達米亞對這兩種文明的興起或許起著很重要的作用。

以埃及為例，其圓柱形印章和藝術的特定主題明顯受到美索不達米亞的影響。埃及的建築更是如此，有些建築所用之磚的大小和形制，顯然是早期美索不達米亞所特有的，有些建築的扶壁也像蘇美爾的樣式。埃及或許也從她東方的鄰居處學習了書寫的概念，儘管一個民族的象形文字和另一個民族的圖畫文字完全不同。

一個最新的考古發現證明，遙遠的東方印度河谷地文化顯然和蘇美爾保持著頻繁的聯繫——在美索不達米亞的廢墟中也出土了大量印度形制的印章。印度人所居住的地方比美索不達米亞和埃及人加起來的地方還要大，這裡的文化於公元前二五〇〇～前一五〇〇年間高度繁榮。

印度和兩河流域的文化都是一種城市文化；在耕種和動物飼養的過程中，這些民族養育出了工匠和藝術家、商人和行政人員；他們的住房由精美且同一大小的磚造成，這預示著將來會形成統一的度量衡制度。更重要的是，他們都是有書面語言的民族，這種語言有四百個文字單位。既然這兩種文化在這些方面是相似的，並且彼此間相互了解，所以，認為古老一點的蘇美爾文化影響了年輕的印度河谷地文化，從邏輯上講，是完全合理的。

位於印度和美索不達米亞之間的地方，從美索不達米亞所吸收的文化更易為人們所發現（更是這一論斷的有力佐證）。伊朗（即波斯）位於美索不達米亞的邊緣，自然和美索不達米亞有著更為密切的聯繫。根據一個蘇美爾人的傳說，一個名為 Aratta 的伊朗城邦，它的政治機構和宗教信仰幾乎和蘇美爾人的一樣。同樣，古代埃蘭王國儘管和蘇美爾之間充斥著不斷的殘酷戰爭，它也深受蘇美爾的影響。埃蘭人的建築和藝術，以及他們的法律、文學和宗教，在許多細節方面，都是美索不達米亞式的——埃蘭人崇奉的最顯赫的神中有一個甚至是蘇美爾的名字。埃蘭人也採用美索不達米亞的楔形文字，以及它的教育制度和許多教育課程。

但是，美索不達米亞對它同時代的埃及、伊朗和印度的影響不管曾經有多麼重要，卻未能持久；也就是說，它的影響並未能在其近鄰的土地中生根。奇怪的是，這種影響卻在西方生了根。西方人的實證、實踐和理性觀都可在美索不達米亞世界找到相同的精神。經過希伯來一神教的改造和希臘哲學家的創造，美索不達米亞的觀念逐漸深入西方民族的氣質中，這在很大程度上要為西方理性與信仰、希望與失望、自由與專制、進步與衰落之間緊張衝突的混亂歷史負上責任。

美索不達米亞對希伯來人的影響既直接又迂迴曲折。正如一些學者所言，假如《聖經》關於亞伯拉罕的偉大傳說有點真實，亞伯拉罕和他的家族在猶太人成為一個民族之前早就被同化了。很明顯，希伯來人的祖先似乎很早就生活在美索不達米亞地區了。

公元前一七〇〇年～前一三〇〇年左右的楔形字文獻經常提到一個名為 Habiru 的民族，這一名稱幾乎和《聖經》中的「Hebrew」一詞相同。根據上述文獻，我們可知道 Habiru 是流浪者，甚至是土匪、罪犯的意思。他們為巴比倫王做雇傭兵，也為亞述人、赫梯人、胡里特人做同樣的服務。早在公元前一五〇〇年，這些遊蕩的猶太人的原始祖先開始征服巴勒斯坦。在那兒，他們和迦南人發生了聯繫。迦南人也從美索不達米亞借用了許多東西。迦南人使用楔形文字，他們的學校，課程安排仿效美索不達米亞，他們的文化深深地彌漫著美索不達米亞的思想和信仰。

公元前五八六年，希伯來人的文化首次直接和美索不達米亞的文化發生聯繫——尼布甲尼撒王摧毀了耶路撒冷，把它的居民俘獲到巴比倫尼亞。巴比倫人的知識和學問逐漸滲入希伯來人的思想和文化之中。後來，當「巴比倫之囚」返回他們的家園，他們也隨之帶來了大量美索不達米亞宗教、教育、法律的儀式。總的來說，這其中有些被傳到基督教，又通過猶太——基督教的傳統而傳到西方文明之中。

希臘人是第二個吸收美索不達米亞文化並把其中一部分傳播到西方的民族。和希伯來人不同，希臘人和美索不達米亞本身並沒有直接的接觸與聯繫。但是，在邁錫尼時代（約從公元前一六〇〇～前一一〇〇年），希臘人和美索不達米亞人的近鄰赫梯人、迦南人有著密切的政治、經濟上的牽連——通過南安那托利亞的城市、迦南、塞浦路斯和克里特傳送著物質與精神的財富。毫無疑問，這些東西在希臘土壤中扎了根。幾年前，在希臘底比斯發現的令公眾驚奇的地窖中的圓柱形印章並沒有使考古學界震驚。可以肯定的是，未來在希臘大地上將會發現更多此類物品。

隨著邁錫尼文明的衰落，早期希臘與近東的這種聯繫便結束了。這種局面直到公元前八世紀才被突破，那時希臘人走出了他們的「黑暗時代」，重新被東部鄰居所震驚。晚近這一時期，迦南的腓尼基人又把字母傳給希臘人，最終更成為整個西方世界的字母。也是在這一時期，安那托利亞的米利都學派開始研讀巴比倫天文學家的作品，並進行天文學研究，後來在雅典的哲學學派達到了高峰。到公元前五世紀，希臘人進入黃金時代，它在藝術、建築、哲學和文學方面幾乎都表現出美索不達米亞傳統的影響。

美索不達米亞對人類的貢獻經過希臘主義、希伯來主義、基督教一直向西傳，最終到達了近代西方世界。技術上，這種貢獻包括人們生活中司空見慣的車輪和播種機器；科學上，則包括對天文學研究的肇始。六十進位制的數字系統直到今天還在使用，如用度劃分圓，把小時分成分、秒等。美索不達米亞的天文觀測最終導致季節的劃分和月相的固定。伴隨天文學而來的星相學，用它的「天空的書法」解釋了星星之間的固定關係。也是美索不達米亞人發明了黃道名稱——公牛座、雙星座、獅子座、天蠍座等等。

美索不達米亞也把它政治制度中最重要的兩項內容傳給了西方文明——城邦和神聖王權的概念。城邦制度分布於整個地中海周圍的大多數地區。王權——君權神授的概念，君主應向神祇述職的概念——傳入西方社會的本質之中。今天英國君主的加冕儀式可以說是美索不達米亞儀式的再現。在早期美索不達米亞國王的國庫中，這類活動和君主有所聯繫。美索不達米亞的統治者通過高效能的官府（使用複雜簿記系統和計算系統），管理建築物和道路的修建，為遊客修建客棧，為海上貿易和商人保駕護航，仲裁政治衝突和簽訂國家間的條約。

美索不達米亞最珍貴的一份政治遺產是「成文法」。這種法律源於個人權利的意識——又因眾多的糾紛和訴訟而加強——美索不達米亞法律演化為一種崇高的理想，符合整個人類的利益。在整個關於希伯來法律的大量、頻繁的評論中使用的言詞，有許多來自巴比倫和蘇美爾傳統，這點以巴比倫的Talmud而著名。

「就是在今天，」已故的研究古代法律制度的權威 E. A. Speiser 寫道：「正統的猶太人在說到他要離婚時，用的是蘇美爾字眼。當一個人參加會堂的摩西五經課程時，他仍舊用他的祈禱圍巾邊緣接觸聖卷上適當的地方。他完全沒有意識到這個事實：他在復活一個場面——古代美索不達米亞人把他的衣服邊印在泥版上，作為他承諾法律記錄條款的證據。」

或許這並不是誇張——美索不達米亞的法律照亮了文明世界的大多數地方。希臘和羅馬通過近東的接觸而受到影響；伊斯蘭世界只因征服了現在的伊朗，即古代美索不達米亞的中心地帶之後，才有了正式的法典。究竟現在的法律中有多少因素可以追溯到美索不達米亞，大多已可斷定。就如英國歷史學家 H.W.F. Saggs 在他的《偉大屬於巴比倫》一書中所說的：「有關抵押方面的法律，最終都可追溯到……古代近東。」

同樣地，美索不達米亞豐富而複雜的崇拜儀式和神話（這是由一群著名的比基督誕生還早三千年的神學家逐步創建的）深深地影響著西方的宗教信仰——特別是猶太教和基督教。美索不達米亞關於水是萬物之源的觀念得到了傳播，比如這成為《舊約．創世紀》中創造世界的敘述。《聖經》中也認為人是泥做的，且掩藏著「生命的氣息」，這都可以尋根到美索不達米亞。同樣，《聖經》中也認為上帝造人主要是為了服務上帝，而上帝的創造力在於他的言辭。災難是罪行的神聖懲罰，必須心平氣和地忍受苦楚的觀念與美索不達米亞也驚人的相似。甚至美索不達米亞的陰間，它的黑暗、令人憂慮的「無回之地」，在希伯來和希臘傳統中都可以找到對等物 Sheol 和 Hades。

直到今天，猶太的崇拜儀式中有許多是從巴比倫人那兒借來的。The Kol Nidre，這在贖罪日前夕所唱的猶太聖歌（求上帝寬恕他們違背諾言）和美索不達米亞的祈禱者在慶祝新年中的儀式相似。關於人類命運的描寫也是相似的。從巴比倫之囚時代開始，希伯來人也在魔鬼和驅逐魔鬼中得到一些安慰。確實，這也說明了《新約》中幾段關於惡魔驅逐的原因了。

從巴比倫之囚時起，猶太教內充滿了宗教神祕者，他們擁有未來人類啟示的觀念。「通過這些理想主義者」，著名的東方學者織 W・F・Albright 說：「眾多異教的想像，有的甚至完全是神話，進入了猶太教和基督教的文學。」他說，比如洗禮儀式，可以追溯到美索不達米亞的宗教信仰。同樣，基督生平的許多傳說因素也可追溯到美索不達米亞的宗教信仰。特別重要的是，Albright 博士認為處女誕生說、與星星的聯繫、受難的主題、下地獄、三天後復活、最終升入天堂等等，也可追溯到美索不達米亞。

美索不達米亞的宗教當然是異端而多神的，因而和一神的猶太教、基督教有著不可逾越的精神鴻溝。新、舊約中充滿著倫理意識和道德熱情，在可供比較的美索不達米亞文獻中就找不到。美索不達米亞也好，巴比倫人也罷，亞述人亦同，都沒有發展出一種高尚的宗教。「純淨的心」和「純淨的手」所諭示的是更加精神上的意義而不是複雜的儀式和祭祀。神人之間愛的契約，挫美索不達米亞的宗教思想中完全缺乏，在猶太教和基督教中則已發展得極為成熟。

如同宗教、法律，美索不達米亞的文學對整個西方世界也有著深刻的影響。《創世紀》開頭幾章的主題——創世紀、伊甸園、洪水、該隱與亞伯之爭、巴別塔語言——都有著美索不達米亞的原型。讚美詩中的許多詩是美索不達米亞崇拜詩的再現，一支歌模仿了美索不達米亞作家的寫作手法——在蘇美爾，為一座城市的毀滅而作一首哀歌是常見的。蘇美爾的語言、箴言中有許多《聖經》中箴言的前身。甚至和《舊約》中其他篇章都不同的《所羅門之歌》，或許反倒和早期蘇美爾的哀歌相似。

希臘文學也表明它受了許多美索不達米亞的影響。如美索不達米亞的洪水故事和希臘神話中的丟卡利翁傳說相似。丟卡利翁造了一艘船，靠它渡過了洪水，而洪水卻毀滅了其他人類。美索不達米亞神話中的屠龍題材在希臘傳說中也有類似的呈現，如伊阿宋和赫拉克勒斯的故事，他們兩個都殺了幾個怪物。上帝為懲罰人類而施的瘟疫是希臘和美索不達米亞神話中共見的題材。希臘和美索不達米亞的陰府也驚人的相似，兩者都是灰暗的地方，與現實的世界相分離，來世與現實只靠一條不祥的河連接著，死者由此河運送。同樣地，希臘為死者所作的輓歌，似乎在蘇美爾人的作品中也有相似的地方。

這部作品最近已由莫斯科普希金博物館從泥版文書中翻譯過來。作品中，一位美索不達米亞詩人以誇張的語言哀嘆他父親和妻子的去世。甚至希臘史詩的形式，通過其他媒介影響的《伊利亞特》和《奧德賽》，在美索不達米亞的史詩中也可找到它的原型。

在希臘「智慧」文學的領域裡，學者們直到最近才發現來自美索不達米亞的原型。《伊索寓言》中的幾個故事在蘇美爾中都有原本的出處，公元前十八世紀的兩河流域，《農人曆書》版本中的勸導詞和《田工農時》奇異地相似，許多蘇美爾的對話現在正被拼湊在一起，以圖翻譯過來。這些或許可以證明一些作品，如柏拉圖《對話集》，存在一些來自美索不達米亞的原初範本。

在別的領域，如音樂和音樂理論方面，關於美索不達米亞對此的貢獻，其研究剛剛取得進展。很久以來，考古學家業已知道美索不達米亞人擁有樂器，特別是豎琴和七弦琴。比如，Leonard Wooley 爵士在發掘烏爾廢墟時發現了九把七弦琴和兩把豎琴；一首獻給烏爾國王 Shulgi 的讚美歌稱讚國王會演奏

「悅耳的三腔七弦琴……（一種）從中心地帶伸出三根弦的樂器」，還有約十件不知名稱的樂器。美索不達米亞的音樂家是在學校專門培養出來的，並成為一個重要的知識階層，有的甚至成為宮廷中的顯貴。但是，直到一九六〇年，在楔形文字專家、加州伯克萊分校 Anne Draffkorn Kilmer 教授和比利時 Liege 大學音樂學家 Duchesne-Guillemin 女士的共同努力下，多年來一直令學者困惑不解的楔形泥版文書被翻譯出來，人們才對美索不達米亞的音樂本身有了了解。

泥版文書中的線索是一系列數字，這顯然指的是巴比倫九弦豎琴中的弦。如果這個想法成立，人們就可發現，按這一次序排列的數字正表示了這個樂器的音調。另外一套音樂符號顯然表示音樂中問的停頓。這段約公元前一四〇〇年左右的泥版文書把人類所知最早的一套希臘音樂符號（包括來自小亞細亞的音階符號）提早了一千多年。這是迄今發現的人類歷史上最早的音節記錄，也是最早的連貫音階系統。

美索不達米亞在各個領域對人類文明貢獻的眾多證據仍是全部中的一小部分——冰山之一角。把觀念、技術、思想、主題這些歷久而產生的東西追溯到其本源，這是件極其困難的工作；傳播的軌跡是極細小的游絲，時常擾亂探詢者的眼睛和心靈。毫無疑問，未來的發現將會成為更多的新事實，來強化這一畫面，必定會給人們帶來許多驚奇。未來所能確定的事已很明顯——美索不達米亞，這一人傑地靈之處，獨創了人類最早的文化——兩河之間的土地是人類文明的搖籃。

附錄　朝代王位表

阿卡德王國（公元前二三七一～前二一九一年）

〔公元前〕

二三七一～二三一六　薩爾貢（Sargon）

二三一五～二三〇七　里木什（Rimush）

二三〇六～二二九二　馬尼什吐蘇（Manishtusu）

二二九一～二二五五　納拉姆一辛（Naram-Sin）

二二五四～二二三〇　沙爾-卡里-沙里（Shar-Kali-Sharri）

二二二九～二二二七　安那爾基（Anarchy）

二二二六～二二〇六　杜都（Dudu）

二二〇五～二一九一　蘇都魯爾（Shu-Durul）

烏爾第三王朝（公元前二一一三～前二〇〇六年）

〔公元前〕

二一一三～二〇九六　烏爾納木（Ur-Nammu）

二〇九五～二〇四八　舒爾吉（Shulgi）

二〇四七～二〇三九　阿馬爾一辛（Amar-Sin）

二〇三八～二〇三〇　舒一辛（Shu-Sin）

二〇二九～二〇〇六　伊比一辛（Ibbi-Sin）

古巴比倫王國（公元前一八九四～前一五九五年）

〔公元前〕

一八九四～一八八一　蘇姆阿布門（Sumuabum）

一八八〇～一八四五　蘇木納埃爾（Sumulael）
一八四四～一八三一　薩比烏姆（Sabium）
一八三〇～一八一三　阿派爾一辛（Apil-Sin）
一八一二～一七九三　辛一穆巴里特（Sin-Muballit）
一七九二～一七五〇　漢謨拉比（Hammurabi）
一七四九～一七一二　薩姆蘇伊魯納（Samsuiluna）
一七一一～一六八四　阿比舒（Abieshu）
一六八三～一六四七　阿米狄坦納（Ammiditana）
一六四六～一六二六　阿米薩杜卡（Ammisaduqa）
一六二五～一五九五　薩木蘇狄坦納（Samsuditana）

亞述帝國（公元前八八三～前六一二年）

〔公元前〕
八八三～八五八　亞述納西爾帕二世（Ashurnasirpal II）
八五九～八二四　沙爾馬納塞爾三世（Shalmaneserl III）
八二三～八一一　沙馬什-阿達德五世（Shamashi-Adad V）
八一〇～七八三　阿達德-尼拉里三世（Aada-Nirari III）
七八二～七七三　沙爾馬納塞爾四世（Shalmaneser IV）
七七二～七五五　阿舒爾-丹三世（Ashur-Dan III）
七五四～七四六　阿舒爾-尼拉里五世（Ashur-Nirari V）
七四五～七二七　提格拉特-帕拉沙爾三世（Tiglath-Pileser III）
七二六～七二二　沙爾馬納塞爾五世（Shalmaneser V）
七二一～七〇五　薩爾貢二世（Sargon II）
七〇四～六八一　辛那赫里布（Sennaeherib）
六八〇～六六九　阿薩爾哈東（Esarhaddon）
六六八～六三一　亞述巴尼拔（Ashurbanipal）
六三〇～六一二　（晚期諸王，略）

新巴比倫王國（公元前六二六～五三九年）

〔公元前〕

六二六～六〇五　那波帕拉沙爾（Nadopalassaer）

六〇四～五六二　尼布甲尼撒二世（Nebuchadnezzar II）

五六一～五六〇　阿美爾-馬都克（Amel-Marduk）

五五九～五五六　尼爾迦爾沙雷澤（Nergalsharezer）

五五五～五三九　那波尼達（Nabonidus）

文化年表

〔注意〕

（1）此表所收入之年代因文化傳播而定，並不局限於新巴比倫滅亡前之年代。

（2）在確定蘇美爾人的歷史時，存有誤差——有時這種誤差達幾百年。

前四七五〇年

⊙美索不達米亞出現最早的城市建築物（經放射性碳素測定，年代誤差，前後不超過三二〇年）。

前四七〇〇年

⊙巴比倫曆法可能始於此時。

前四〇〇〇年

⊙中亞和西亞開始使用陶輪。

⊙亞述生產繪有黑色和紅色幾何圖案的陶器（無陶輪）。
⊙埃及和美索不達米亞出現冷加工的銅、銀和金首飾。
⊙在美索不達米亞出現了較明顯的社會差別和勞動分工。

前四〇〇〇～前三九〇〇年
⊙埃及和美索不達米亞進入銅器時代。

前四〇〇〇～前三五〇一年
⊙蘇美爾人選定巴比倫城址。
⊙巴比倫勢力在地中海亞洲地區占統治地位（至前二〇〇〇年）

前三七〇〇年
⊙美索不達米亞發生如《聖經》所提到的大洪水。

前三五〇〇～前三〇〇一年
⊙蘇美爾開始使用輪式運載工具。

前三三〇〇年
⊙蘇美爾人用重型四輪車（圓盤車輪）作戰車，由四頭驢牽拉（後來一度只供國王和祭神用）。
⊙蘇美爾出現象形文字。
⊙蘇美爾人的宗教習俗表明，他們來自山區（可能是中亞或巴克特里亞）。築山廟，崇拜山區動物野牛，和中亞人一樣；國王去世時，侍從自願服毒殉葬。

前三二〇〇年

⊙美索不達米亞開始使用陶輪。

⊙刻有宗教圖案的蘇美爾圓柱印章表明當時已有釀酒知識。

⊙美索不達米亞出現繪有埃利都—歐貝德文化時期幾何圖案的陶輪陶器。

⊙巴比倫以蛇代表地母神。

前三〇〇〇年

⊙在美索不達米亞的歐貝德文化時期已有男女神祇陶俑。

⊙古巴比倫醫學萌芽（約有一千～兩千塊泥版殘片保存下來）。泥版中記載：神、鬼怪、星辰和血會引起疾病。

⊙蘇美爾人有兩種醫生：「識水者」即庸醫，「識油者」即塗油脂膏的人。

⊙書吏和刻印章的人被看作是精神生活的創造者，印章收藏者被看作是懂得科學和占卜術的人。

⊙蘇美爾木匠已會製作床、支架和裝有轉軸的房門。

⊙巴比倫人已懂得使用鉛。

⊙美索不達米亞已有廁所。

⊙巴比倫、埃及、印度和中國開始系統地觀察天象。

⊙蘇美爾祭司使用帶有共鳴箱，名為「里拉」的琴（一種五弦或七弦豎琴）作為祭祀樂器；也出現了皮鼓。

⊙蘇美爾的宗教詩在烏魯克出現（例如祭奠牧神坦木茲之死的哀歌）。

⊙在蘇美爾的象形文字中出現了抽象的概念：陶器代表「造型」；五角星（意為驅妖）代表崇高；單個八角星代表「神」；神（星）被壓在山下（被俘）代表陰謀。

⊙在最早的蘇美爾城邦中，每個城邦大都有自己的神祇。城邦被攻占時，神祇連同居民，一起被勝利者劫走。

⊙蘇美爾人種植大麥和野生紅小麥，並用來釀造啤酒；使用火爐烤麵包，用臼加工取得麵粉；把牛、驢和騾當作耕畜使用；懂得使用亞麻和紡錠；穿著縫製的羊皮衣、毛織衣，用腰帶；知道剃頭。

⊙在美索不達米亞，銅、銀同大麥一樣，開始被當作「貨幣」使用。

前三〇〇〇～前二五〇一年

⊙在蘇美爾的烏魯克建成磚砌彩柱廟宇。

⊙首座梯層式廟宇（塔廟）在美索不達米亞建成。

⊙蘇美爾醫學發現礦泉具有癒合傷口的作用。

⊙蘇美爾人創造了基於 6 和 12 之倍數的數字體系。

⊙蘇美爾人使用燃油燈。

⊙在蘇美爾，金屬硬幣開始取代大麥，成為合法的貨幣。

前二九〇〇年

⊙在蘇美爾的捷姆迭特—那色時代，烏魯克出現新型的神廟建築：有台基的七級塔廟（可能是為了擺放星宿神供品）。這種建築形式在整個美索不達米亞流行。

⊙前王國時的埃及受捷姆迭特—那色文化影響。

⊙蘇美爾人不蓄鬚，身著粗毛衣裙。

前二七八〇年

⊙埃及和巴比倫開始使用錫。

前二七五〇年

⊙建有九百個塔樓的蘇美爾烏魯克大城牆（「長城」）竣工（長九・五公里）。

⊙烏魯克約有四萬七千個居民。

⊙烏魯克處於傳說中的國王吉爾伽美什統治時期。

前二六二〇年

⊙蘇美爾占星術和早期天文學同時出現（這種建立在缺乏完善知識之基礎上的占星術在以後幾千年，甚至到了今天，一直被承襲下來）。

前二六〇〇年

⊙蘇美爾創立了以 6 和 12 為基礎的進位制和計算方法（包括開方），確立時間和長度的標準，編製了曆法。

⊙在蘇美爾，主要節日是新年春節，慶祝春神戰勝混沌女神而創造世界。為此，在慶祝期間，取消等級差別，由公眾推舉一位國王管理國事數日，最高祭司象徵性地給真國王一記耳光。

⊙烏爾國王麥桑尼帕爾達即位。他是可考證的美索不達米亞首位統治者。據傳，洪水時期之後到他執政前，已有三十五位國王，洪水時期之前還有八位。

⊙阿卡德人從阿拉比亞出發，進入北美索不達米亞，接受了蘇美爾文化。

前二五五〇年

⊙蘇美爾泥版記載了十五種藥物。

⊙烏爾國王陵墓中有許多殉葬人。

⊙蘇美爾前王朝時期的宗教、藝術和文學反映出悲觀的精神狀態和對貧困與死亡的恐懼。

前二五〇〇年

⊙巴比倫天文學得到發展。

⊙在蘇美爾遺址發現的一塊此年代的記事泥版上，記載著有關肥皂製作方法的內容。這可能是人類在這方面的最早記錄。

⊙在蘇美爾宗教藝術中，除了原有的象徵（如生命之樹）之外，還出現一種象徵威脅的獅頭鷹。

⊙烏爾彩石鑲嵌旗幟。

⊙烏爾國王陵墓中發現二十格的棋盤。

前二四二〇年

⊙巴比倫有了地圖。

前二四〇〇～前二三五〇年

⊙烏魯克國王盧伽爾扎吉西戰勝拉格什帝國，成為「萬國之王」。

前二三五〇年

⊙在塞姆族文化取代蘇美爾文化時，由左到右的橫寫方式代替了由右到左的豎寫方式。

⊙阿卡德王國陸上和海上貿易發達。

⊙巴比倫開始養雞。

前二三五〇年～前二一〇〇年

⊙阿卡德王朝國王薩爾貢擊敗盧伽爾扎吉西，並自稱「永恆的國王」。

前二三〇〇年

⊙阿卡德人靈活的弓箭武技逐漸取代蘇美爾人用盾和矛組成的密集方陣戰術。

⊙在阿卡德，長外衣取代裸露上身的蘇美爾粗毛裙，留髮蓄鬚取代剃頭刮鬚。

前二二七〇年

⊙在巴比倫，蘇美爾—阿卡德藝術達到頂峰，其中有尼尼微的納拉姆—辛（也可能是薩爾貢）銅像和許多圓柱形印章。

⊙納拉姆—辛統治時期，和印度河流域有了貿易往來。

前二二七〇～前二二三三年

⊙巴比倫進入納拉姆—辛統治時期。

前二二二八——前二一〇四年

⊙古提人征服美索不達米亞。

前二二二五年

⊙巴比倫人在楔形文字泥版上記載土地面積和計算方法。

前二一五〇年

⊙巴比倫創世史詩形成：三個具有人體的神——天神、氣神和兼管陰曹的地神消滅了混濁的諸始祖神，將他們作為動物星座，安置於天庭。

前二一〇〇年

⊙亞伯拉罕由伽勒底離開烏爾。

⊙拉格什的蘇美爾國王古地亞有一只刻著楔形文字的石杯，上有最早的蛇杖——阿斯克勒庇俄斯杖（醫生的象徵）。

⊙巴比倫出現了用楔形文字書寫的信件。

前二〇六五年

⊙烏爾第三王朝：古蘇美爾藝術的復興時期。

前二〇五〇年

⊙蘇美爾「表格科學」：從神和國王等大事到日常小事都以表格形式記錄下來。

前二〇二五年

⊙以神話詩和哀歌為主的蘇美爾古典文學時代。

⊙蘇美爾神廟有三千六百尊神，並被劃分成幾個神國。

前二〇〇〇年

⊙巴比倫的數字（作為祭司科學）：只用兩個數字符號記數，基數是 60；根據同一個數字符號，因位置不同而值也不同的原則計算長方形、三角形、梯形、圓（圓周率為 3）、矩形和圓柱形的面積、體積；出現整數平方和立方表。以數學為基礎的天文學和曆法亦發展起來。

前一九八五年

⊙巴比倫開始使用鐵。

前一九八〇年

⊙巴比倫人想像中的世界地圖：大地是一個密封筒的底，中間是雪山——幼發拉底河的發源地，四周是水，彼岸是支撐著天空的高山。

前一九二七年

⊙有證據表明，當時埃及和美索不達米亞之間已有文化交流。

⊙俄羅斯—亞洲草原地區的文化是美索不達米亞文化和中國文化交流的橋樑。

⊙伊新國王的《李必特．伊絲達法典》問世（先於《漢謨拉比法典》）。

前一九〇〇年

⊙《吉爾伽美什史詩》問世。

前一八七五年

⊙古亞述在安納托利亞建立商業殖民地——卡內喜。

前一八五〇年

⊙馬都克被尊為巴比倫城的守護神。

⊙在巴比倫，糧食高利貸要求借貸者在新糧收獲之後，以33%的利率償還。

前一八〇〇年

⊙亞述開始有意識地教育王子樹立責任感。

前一七七〇年

⊙巴比倫楔形文字泥版記載著後來被稱為畢達哥拉斯定律的數字公式，如 3×3＋4×4＝5×5。

⊙利姆—辛時期是蘇美爾文化的最後一段繁榮期。

⊙從蘇美爾傳說中形成所謂用泥創造第一個人及關於大洪水的巴比倫神話。

前一七五〇年

⊙亞述人使用輕便雙輪狩獵車和作戰車。

⊙亞述商人到青銅生產中心安納托利亞洽談錫的交易。

前一七二八年

⊙在《漢謨拉比法典》中提到了外科手術，如眼科手術，規定了對醫生的酬金和處置（直至砍斷雙手）。醫生為自由人、脫籍奴隸和奴隸看病，所要之報酬，比例為 10：5：12。

前一七〇〇年

⊙車和馬通過喜克索斯人，從美索不達米亞傳入埃及（加喜特人曾稱車馬為「山驢」，並把它傳入巴比倫）。

⊙巴比倫出現灌溉農田的水車。法律規定：嚴懲偷盜水車者。

⊙阿卡德—巴比倫文學的繁榮時期：讚美詩、史詩、蘇美爾—阿卡德字典、數學書等。

前一六八六年

⊙漢謨拉比的兒子薩姆蘇伊魯納即位（執政約至前一六四八年）。在他統治時期，國家開始分裂。

前一六〇〇年

⊙巴比倫發展了瓷釉技術（開始在主要建築物牆面上使用彩色琉璃磚）。

前一二〇〇年

⊙巴比倫把黃道分為 12 宮，分別以動物命名。

前一一一六年

⊙亞述制定嚴酷的刑法。

前一〇九〇年

⊙傳說亞述國王提格拉特帕拉薩爾一世在美索不達米亞打死了九二〇頭獅子——大多數是乘戰車打死的。

前一〇〇〇～前九〇一年

⊙埃及和亞述貴族開始使用假髮。

前九四五年

⊙迦勒底人擁有一個完整的量度系統；盛滿水的大立方體既是立方尺，又是計時的漏壺、重量和長的的單位。

前九一一年

⊙從亞述國王阿達德尼拉里二世起，開始新的亞述年表（官吏名冊），年表記錄了公元前七六三年 6 月 15 日的日蝕。

前九〇〇～前八〇一年

⊙刻有將古巴比倫語譯成阿拉米語和希臘語的皮捲軸代表了早

期泥版文書同希臘莎草紙間的聯繫。

前八七九年

⊙亞述國王阿述爾那西爾帕二世將卡拉赫（也稱尼姆魯得，在亞述城北）重建成首都，王宮十分豪華。

前八五九年

⊙亞述國王阿述爾那西爾帕二世營建動物園

⊙亞述人極其殘酷地對待被打敗的敵人：剝皮、用木樁釘死、燒死小孩、剜目、割舌等。

前八五〇年

⊙尼尼微已有喇叭話筒。

前八一一～前八〇七年

⊙亞述女王沙姆拉瑪特，傳說中的色米拉米斯女王。

前八〇〇年

⊙音樂在巴比倫祭祀儀式中占有重要地位。這時的音樂採用五音階和七音階，用楔形文字記載音樂作品。

⊙古巴比倫書籍通過腓尼基，對正在興起的愛奧尼亞—希臘圖書產生了影響。

前八〇〇～前七〇一年

⊙最早有文字記載的蘇美爾音樂是以楔形文字記在一塊石碑上的一首詩歌。

⊙亞述的男女服裝大致相同。

前七四六～前七二七年

⊙亞述提格拉特帕拉薩爾三世征服敘利亞和腓力斯丁。

前七三〇年

⊙在亞述國王提格拉特帕拉薩爾三世統治期間，藝術風格日益趨向自然主義：浮雕注重人物側面輪廓的塑造；描繪風景；不講究宏偉壯麗。

前七〇五年

⊙亞述國王辛那赫里布否認他的父親，說自己是大洪水前傳說中之國王的後裔。

前七〇〇年

⊙亞述國王辛那赫里布在尼尼微王宮附近建了一座花園，園中栽種了各種奇花異草，飼養著珍禽異獸，並在岩石上開鑿種植坑和水渠。

⊙亞述國王辛那赫里布登上多座高山。這是世界上有記載的最早的登山活動。

⊙亞述種植棉花、使用巴比倫吸水器。

⊙亞述文化達到鼎盛時期。

⊙一直從亞述和巴比倫購買紡織品的希臘人開始改變這些紡織品的裝飾圖案。

前七〇〇～前六〇一年

⊙亞述製造出水鐘。

前六八九年

⊙亞述人摧毀了巴比倫城，並改變幼發拉底河之流向，以淹沒城址

前六八一年

⊙亞述國王阿薩爾哈東重建巴比倫城，並修纛馬都克神廟和廟塔（巴比倫曾於公元前一二五一年遭洗劫，公元前六八九年遭到破壞）。

前六八〇年

⊙尼尼微修建汲水井。

前六七一年

⊙遷居到亞述的埃及人對亞述的語言和文化產生了影響

前六六八年

⊙尼尼微的亞述浮雕生動地表現了亞述人攻克一座埃及要塞（攻城時使用雲梯）的情景，甚至還生動地繪出河中游魚。

前六五五年

⊙尼尼微的亞述浮雕表現了征戰埃蘭期間，士兵隨同娼妓聚餐的情景。

前六五〇年

⊙國王亞述巴尼拔在尼尼微創辦泥版大圖書館，讓人抄錄其他城市（如巴比倫和尼普爾）的文獻。這一圖書館藏有天文學（特別是占星術）、曆法、醫學（多為亞術咒語）及歷史資

料，其中 66 塊泥版刻有黃道的行星名稱和占星術預言。

前六四〇年

⊙亞述出現公共漏壺。

前六〇五～前五六三年

⊙新巴比倫國王尼布甲尼撒重建巴比倫城，並建造了世界七大奇蹟之一的「空中花園」。

前六〇〇年

⊙尼布甲尼撒二世在位期間，巴比倫藝術達到全盛時期，其中有巴比倫城堡和伊什塔爾城門（彩色琉璃磚鑲嵌的神話動物圖案）。

⊙巴比倫城為護城神馬都克修建高大的神廟（高 92 米，被稱為「通天塔」。）

⊙巴比倫開始銀行業務。

前五八七年

⊙猶太人被虜掠到巴比倫，史稱「巴比倫之囚」。

前五七五年

⊙巴比倫宮殿和太陽神廟之間有一條九百米長的地道相通，這條通道經過幼發拉底河河底。

前五五〇年

⊙猶太人從巴比倫學會玫瑰栽培（世界上最早的有關玫瑰栽培的證據）。

前六世紀

⊙巴比倫已能較準確地預報星辰的位置和日、月蝕——這是科學天文學的開始。但這種天文學仍然同被迦勒底人大大發展了的占星術有密切聯繫。

⊙巴比倫陰曆（一年為三五四天，十二個月，每個月交替為三十天和二十九天）在計算基礎上有規律地加入閏月，使曆法較前改進（在此之前，巴比倫人根據需要，常常隨意增減月份）。

前五四七年

⊙日晷從巴比倫傳入斯巴達。

前五三九年

⊙「巴比倫之囚」事件結束，被虜者分批返回家園，一直到公元前四五八年。

前四九三年

⊙巴比倫天文學通過上千年發展，發現十八年發生一次日蝕的「沙羅周期」。

前四七九年

⊙巴比倫城被波斯國王薛西斯一世毀滅。

前三八四年

⊙巴比倫天文學家基德那從古代天文觀察的記載中發現晝夜二分點。

前三〇五年

⊙巴比倫占星術在希臘廣為傳播，並同希臘的「四元素學說」相結合。

前二六九年

⊙巴比倫巴力神廟祭司和占星家柏羅沙斯發明日光回照器：用小投影球作日晷。

⊙柏羅沙斯作《巴比倫史》（3卷）。

國家圖書館出版品預行編目資料

巴比倫的智慧，陳恆 著 -- 初版 --
新北市：新視野 New Vision, 2019.10
面；　公分 --
ISBN　978-986-98077-1-5（平裝）
1. 巴比倫文化

735.5213　　108012875

巴比倫的智慧

陳恆　著

主　　編　顧曉鳴
企　　劃　林郁工作室
出　　版　新視野 New Vision
責　　編　林郁、周向潮
電話：(02) 8666-5711
傳真：(02) 8666-5833
E-mail：service@xcsbook.com.tw

印前作業　菩薩蠻數位文化有限公司
印　　刷　福霖印刷有限公司

總 經 銷　聯合發行股份有限公司
新北市新店區寶橋路 235 巷 6 弄 6 號 2F
電話 02-2917-8022
傳真 02-2915-6275

初　　版　2019 年 10 月